Veganska Harmonija
Ukusna i Zdrava Biljna Kuhinja

Mia Petrović

Autorska prava 2023

Sva prava pridržana

Sva prava pridržana. Nijedan dio ove knjige ne smije se reproducirati ili prenositi u bilo kojem obliku ili bilo kojim sredstvom, elektroničkim ili mehaničkim, uključujući fotokopiranje, snimanje ili bilo kojim sustavom za pohranu i pronalaženje informacija, bez pisanog dopuštenja izdavača, osim ukratko. citati u recenziji.

Upozorenje-Odricanje od odgovornosti

Namjera je da informacije u ovoj knjizi budu što točnije. Autor i izdavač nikome neće biti odgovorni za bilo kakav gubitak ili štetu uzrokovanu ili za koju se vjeruje da je uzrokovana, izravno ili neizravno, informacijama danim u ovoj knjizi.

sadržaj

Starinski kolačići 11

Krem pita od kokosa 13

Lagane čokolade 15

Začinjena zimska Farro juha 17

Rainbow pileća salata 19

Salata od leće na mediteranski način 21

Salata od prženih šparoga i avokada 23

Kremasta salata od zelenog graha s pinjolima 25

Cannellini juha od graha s keljom 27

. Bogata krema od gljiva 28

Autentična talijanska salata Panzanella 30

Salata od kvinoje i crnog graha 32

Bogata bulgur salata sa začinskim biljem 34

Klasična salata od pečene paprike 38

Dobra zimska juha od kvinoje 40

salata od zelene leće 42

. Juha od tikve od žira, slanutka i kus-kusa 44

. Juha od kupusa s crostinima od češnjaka 46

Juha od zelenog graha 49

Tradicionalna francuska juha od luka 51

. juha od pečene mrkve 53

Talijanska penne salata od tjestenine 55

Indijska Chana Chaat salata 57

Tempeh salata s rezancima na tajlandski način 59

Klasična krema od brokule 61

Marokanska salata od leće i grožđica 63

Salata od šparoga i piletine 65

Staromodna salata od zelenog graha 68

Zimska juha od graška 70

Talijanska Cremini juha od gljiva 72

Krema od krumpira sa začinskim biljem 75

Salata od kvinoje i avokada 77

Tabule salata sa tofuom 79

Vrtna salata od tjestenine 81

tradicionalni ukrajinski boršč 84

salata od beluga leće 86

Indijska naan salata 88

Salata od pečene paprike na grčki način 90

Juha od graha i krumpira 93

Zimska salata od kvinoje s kiselim krastavcima 95

Juha od pečenih šumskih gljiva 98

Juha od zelenog graha na mediteranski način 100

Krema od mrkve 102

Nonnina talijanska pizza salata 105

Zlatna kremasta juha od povrća 107

Tradicionalni indijski Rajma Dal 109

salata od crvenog graha 111

Anasazi varivo od graha i povrća 113

Lagana i dobra Shakshuka 116

staromodni čili 118

Svijetla salata od crvene leće 121

Salata od slanutka na mediteranski način 123

Tradicionalni toskanski gulaš od graha (Ribollita) 126

Mješavina povrća i beluga leće 128

Meksičke taco zdjelice od slanutka 130

Indijac Dal Makhani 132

Tepsija od graha na meksički način 134

klasična talijanska minestrone 136

Varivo od zelene leće sa zelenilom 138

Mješavina povrća sa slanutkom 140

ljuti umak od graha 142

Kineska salata od soje 144

Staromodna leća i juha od povrća 147

Indijska chana masala 149

pašteta od crvenog graha 151

zdjelica smeđe leće 153

Ljuta i začinjena Anasazi juha od graha 155

Crnooka salata (Ñebbe) 157

Chili Mom slava 159

Pileća salata s grahom i pinjolima 161

Buddha zdjela crnog graha 163

Bona pilići s Bliskog istoka 165

Umak od leće i rajčice 167

Kremasta salata sa zelenim graškom 169

Humus Za'atar s Bliskog istoka 172

Salata od leće s pinjolima 174

Vruća salata od graha Anasazi 176

Tradicionalni Mnazaleh gulaš 178

Krema od leće od crvene paprike 180

Wok pržene začinske mahune 182

brzi čili svaki dan 184

Krem salata od crnog graška 187

Avokado punjen slanutkom 189

juha od crnog graha 191

Salata od beluga leće sa začinskim biljem 195

Talijanska salata od graha..198

Rajčice punjene bijelim grahom 200

Crnooka zimska juha od graška 202

okruglice od crvenog graha..204

Domaće pljeskavice od graška 206

Varivo od crnog graha i špinata 208

Najbolja čokoladna granola ikad 211

Kolači za roštilj s jesenskom bundevom 213

Starinski kolačići

(Spremno za oko 45 minuta | Za 12 porcija)

Po porciji: Kalorije: 167; Masti: 8,6 g; Ugljikohidrati: 19,6 g; Bjelančevine: 2,7 g

sirovine

1 šalica višenamjenskog brašna

1 žličica praška za pecivo

Malo soli

Prstohvat naribanog muškatnog oraščića

1/2 žličice mljevenog cimeta

1/4 žličice mljevenog kardamoma

1/2 šalice maslaca od kikirikija

2 žlice kokosovog ulja, sobne temperature

2 žlice bademovog mlijeka

1/2 šalice smeđeg šećera

1 žličica ekstrakta vanilije

1 šalica veganskih čokoladnih komadića

upute

U posudi za miješanje pomiješajte brašno, prašak za pecivo i začine.

U drugoj zdjeli pjenasto izmiješajte maslac od kikirikija, kokosovo ulje, bademovo mlijeko, šećer i vaniliju. Umiješajte mokru smjesu u suhe sastojke i miješajte dok se dobro ne sjedini.

Ubacite komadiće čokolade. Stavite bateriju u hladnjak na oko 30 minuta. Od tijesta oblikujte male kolačiće i slažite ih u tepsiju obloženu papirom za pečenje.

Pecite u prethodno zagrijanoj pećnici na 350 stupnjeva F oko 11 minuta. Prebacite na rešetku da se malo ohladi prije posluživanja. Sa zadovoljstvom!

Krem pita od kokosa

(Spremno za oko 15 minuta + vrijeme hlađenja | Za 12 porcija)

Po porciji: Kalorije: 295; Masti: 21,1 g; Ugljikohidrati: 27,1 g; Bjelančevine: 3,8 g

sirovine

kora:

2 šalice oraha

10 svježih datulja nasjeckanih

2 žlice kokosovog ulja sobne temperature

1/4 žličice kardamoma za prepone

1/2 žličice mljevenog cimeta

1 žličica ekstrakta vanilije

punjenje:

2 srednje prezrele banane

2 smrznute banane

1 šalica punomasnog kokosovog vrhnja, dobro ohlađena

1/3 šalice agavinog sirupa

Ukrasiti:

3 unce veganske tamne čokolade, naribane

upute

U procesoru hrane obradite sastojke za koru dok se smjesa ne sjedini; utisnuti koru u malo podmazan pleh.

Zatim umijesiti sloj nadjeva. Fil izliti na koru i špatulom napraviti ravnu površinu.

Kolač stavite u zamrzivač na oko 3 sata. Spremite u zamrzivač.

Neposredno prije posluživanja ukrasite čokoladnim kolutom. Sa zadovoljstvom!

Lagane čokolade

(Spremno za oko 35 minuta | Za 8 obroka)

Po porciji: Kalorije: 232; Masti: 15,5 g; Ugljikohidrati: 19,6 g; Bjelančevine: 3,4 g

sirovine

10 unci tamne čokolade, izlomljene na komadiće

6 žlica kokosovog mlijeka, toplo

1/4 žličice mljevenog cimeta

1/4 žličice mljevenog anisa

1/2 žličice ekstrakta vanilije

1/4 šalice kakaa u prahu, nezaslađenog

upute

Umiješajte čokoladu, toplo kokosovo mlijeko, cimet, anis i vaniliju dok se dobro ne sjedine.

Žličicom za kekse podijelite smjesu na dijelove od 1 unce. Ručno razvaljajte kuglice i ostavite u hladnjaku najmanje 30 minuta.

Umočite čokoladne kuglice u kakao prah i ostavite u hladnjaku do posluživanja. Sa zadovoljstvom!

Začinjena zimska Farro juha

(Spremno za oko 30 minuta | Za 4 osobe)

Po porciji: Kalorije: 298; Masti: 8,9 g; Ugljikohidrati: 44,6g; Bjelančevine: 11,7 g

Sirovine

2 žlice maslinovog ulja

1 srednji poriluk, nasjeckan

1 srednja cikla, narezana na ploške

2 talijanske paprike, očišćene od sjemenki i nasjeckane

1 jalapeño papričica, nasjeckana

2 krumpira očistiti i narezati na kockice

4 šalice juhe od povrća

1 šalica farroa, ocijeđenog

1/2 žličice granuliranog češnjaka

1/2 žličice kurkume u prahu

1 list lovora

2 šalice nasjeckanog špinata

ADRESE

Zagrijte maslinovo ulje u loncu s debelim dnom na srednje jakoj vatri. Sada pržite poriluk, repu, papriku i krumpir oko 5 minuta dok ne postanu hrskavi.

Dodajte povrtnu juhu, farro, granulirani češnjak, kurkumu i lovorov list; dovesti do vrenja.

Odmah prokuhajte. Pirjajte oko 25 minuta ili dok farro i krumpir ne omekšaju.

Dodajte špinat i maknite lonac s vatre; Pustite špinat na zaostaloj toplini dok ne uvene. Sa zadovoljstvom!

Rainbow pileća salata

(Spremno za oko 30 minuta | Za 4 osobe)

Po porciji: Kalorije: 378; Masti: 24g; Ugljikohidrati: 34,2g; Bjelančevine: 10,1 g

Sirovine

16 unci konzerviranog slanutka, ocijeđenog

1 srednji avokado, narezan na ploške

1 paprika, bez sjemenki i narezana na ploške

1 velika rajčica, narezana na ploške

2 krastavca, narezana na kockice

1 narezani crveni luk

1/2 žličice mljevenog češnjaka

1/4 šalice nasjeckanog svježeg peršina

1/4 šalice maslinovog ulja

2 žlice jabučnog octa

1/2 svježe iscijeđene limete

Morska sol i mljeveni crni papar, po ukusu

ADRESE

Pomiješajte sve sastojke u zdjeli za salatu.

Stavite salatu u hladnjak na oko 1 sat prije posluživanja.

Sa zadovoljstvom!

Salata od leće na mediteranski način

(Spremno za oko 20 minuta + vrijeme hlađenja | Za 5 osoba)

Po porciji: Kalorije: 348; Masti: 15g; Ugljikohidrati: 41,6 g; Bjelančevine: 15,8 g

Sirovine

1 ½ šalice crvene leće, isprane

1 žličica blagog senfa

1/2 svježe iscijeđenog limuna

2 žlice tamari umaka

2 stabljike vlasca nasjeckane

1/4 šalice ekstra djevičanskog maslinovog ulja

2 režnja mljevenog češnjaka

1 šalica butternut tikve, narezane na komade

2 žlice nasjeckanog svježeg peršina

2 žlice nasjeckanog svježeg korijandera

1 žličica svježeg bosiljka

1 žličica svježeg origana

1 ½ šalice cherry rajčice, prepolovljene

3 unce Kalamata maslina, bez koštica i prepolovljenih

ADRESE

U velikom loncu zakuhajte 4 ½ šalice vode i crvenu leću.

Odmah smanjite vatru i nastavite kuhati leću oko 15 minuta ili dok ne omekša. Ocijedite i pustite da se potpuno ohladi.

Premjestite leću u zdjelu za salatu; pomiješajte leću s ostalim sastojcima dok se dobro ne sjedine.

Poslužite hladno ili na sobnoj temperaturi. Sa zadovoljstvom!

Salata od prženih šparoga i avokada

(Spremno za oko 20 minuta + vrijeme hlađenja | Za 4 osobe)

Po porciji: Kalorije: 378; Masti: 33,2 g; Ugljikohidrati: 18,6 g; Bjelančevine: 7,8 g

Sirovine

1 kilogram šparoga narezanih na sitne komadiće

1 češnjak, mljeveni

2 režnja mljevenog češnjaka

1 Roma rajčica, narezana na ploške

1/4 šalice maslinovog ulja

1/4 šalice balzamičnog octa

1 žlica gorušice samljevene u kamenu

2 žlice nasjeckanog svježeg peršina

1 žlica svježe nasjeckanog korijandera

1 žlica svježe nasjeckanog bosiljka

Morska sol i mljeveni crni papar, po ukusu

1 manji avokado, očišćen od koštica i narezan na kockice

1/2 šalice nasjeckanih pinjola

ADRESE

Počnite tako da prethodno zagrijete pećnicu na 420 stupnjeva F.

Prelijte šparoge s 1 žlicom maslinovog ulja i stavite na pleh obložen papirom za pečenje.

Pecite oko 15 minuta, okrećući tavu jednom ili dvaput kako biste pospješili ravnomjerno pečenje. Pustite da se potpuno ohladi i stavite u zdjelu za salatu.

Pomiješajte šparoge s povrćem, maslinovim uljem, octom, senfom i začinskim biljem. Posolite i popaprite po ukusu.

Pomiješajte i nadjenite avokadom i pinjolima. Sa zadovoljstvom!

Kremasta salata od zelenog graha s pinjolima

(Spremno za oko 10 minuta + vrijeme hlađenja | Za 5 porcija)

Po porciji: Kalorije: 308; Masti: 26,2 g; Ugljikohidrati: 16,6 g; Bjelančevine: 5,8 g

Sirovine

1 ½ kilograma nasjeckanih zelenih mahuna

2 srednje rajčice, narezane na kockice

2 paprike, očišćene od sjemenki i narezane na kockice

4 žlice nasjeckane ljutike

1/2 šalice nasjeckanih pinjola

1/2 šalice veganske majoneze

1 žlica gurmanskog senfa

2 žlice svježe nasjeckanog bosiljka

2 žlice nasjeckanog svježeg peršina

1/2 žličice mljevene crvene paprike

Morska sol i svježe mljeveni crni papar, po ukusu

ADRESE

Kuhajte zelene mahune u velikom loncu slane vode dok ne omekšaju, oko 2 minute.

Ocijedite i ostavite grah da se potpuno ohladi; zatim ih prebacite u zdjelu za salatu. Mahune pomiješajte s ostalim sastojcima.

Kušajte i prilagodite začine. Sa zadovoljstvom!

Cannellini juha od graha s keljom

(Spremno za oko 25 minuta | čini 5)

Po porciji: Kalorije: 188; Masti: 4,7 g; Ugljikohidrati: 24,5g; Bjelančevine: 11,1 g

Sirovine

1 žlica maslinovog ulja

1/2 žličice nasjeckanog đumbira

1/2 žličice sjemenki kumina

1 nasjeckani crveni luk

1 mrkva, izrezana i nasjeckana

1 pastrnjak, orezan i nasjeckan

2 režnja mljevenog češnjaka

5 šalica juhe od povrća

12 unci cannellini graha, ocijeđenog

2 šalice nasjeckanog kelja

Morska sol i mljeveni crni papar, po ukusu

ADRESE

Zagrijte masline u loncu s debelim dnom na srednje jakoj vatri. Sada pržite đumbir i kumin oko 1 minutu.

Sada dodajte luk, mrkvu i pastrnjak; nastavite pirjati još 3 minute ili dok povrće ne omekša.

Dodajte češnjak i nastavite kuhati 1 minutu ili dok ne zamiriše.

Zatim ulijte juhu od povrća i prokuhajte. Odmah smanjite vatru i pustite da lagano krčka 10 minuta.

Umiješajte cannellini grah i kelj; dalje pirjati dok kupus ne uvene i sve se zagrije. Začinite solju i paprom po ukusu.

Ulijte u pojedinačne zdjelice i poslužite vruće. Sa zadovoljstvom!

. Bogata krema od gljiva

(Spremno za oko 15 minuta | čini 5)

Po porciji: Kalorije: 308; Masti: 25,5 g; Ugljikohidrati: 11,8g; Bjelančevine: 11,6 g

Sirovine

2 žlice sojinog maslaca

1 velika ljutika, nasjeckana

20 unci cremini gljiva, narezanih

2 režnja mljevenog češnjaka

4 žlice lanenog brašna

5 šalica juhe od povrća

1 1/3 šalice svježeg kokosovog mlijeka

1 list lovora

Morska sol i mljeveni crni papar, po ukusu

ADRESE

Otopite veganski maslac u loncu na srednje jakoj vatri. Kad je vruće, kuhajte ljutiku oko 3 minute dok ne omekša i ne zamiriše.

Dodajte gljive i češnjak i nastavite kuhati dok gljive ne omekšaju. Dodajte brašno od lanenog sjemena i nastavite kuhati oko 1 minutu.

Dodajte ostale sastojke. Pustite da zavrije poklopljeno i nastavite kuhati još 5-6 minuta dok se juha malo ne zgusne.

Sa zadovoljstvom!

Autentična talijanska salata Panzanella

(Spremno za oko 35 minuta | Za 3 osobe)

Po porciji: Kalorije: 334; Masti: 20,4 g; Ugljikohidrati: 33,3g; Bjelančevine: 8,3 g

Sirovine

3 šalice umjetničkog kruha, narezanog na kockice od 1 inča

3/4 funte šparoga, obrezane i narezane na male komadiće

4 žlice ekstra djevičanskog maslinovog ulja

1 nasjeckani crveni luk

2 žlice svježeg soka od limuna

1 žličica blagog senfa

2 srednje rajčice, narezane na kockice

2 šalice rikule

2 šalice mladog špinata

2 talijanske paprike, očišćene od sjemenki i narezane na ploške

Morska sol i mljeveni crni papar, po ukusu

ADRESE

Krutone stavite na pleh obložen papirom za pečenje. Pecite u prethodno zagrijanoj pećnici na 310 stupnjeva F oko 20 minuta, okrećući lim za pečenje dva puta tijekom pečenja; rezervacija

Zagrijte pećnicu na 420 stupnjeva F i prelijte šparoge 1 žlicom maslinovog ulja. Pecite šparoge na roštilju oko 15 minuta ili dok ne postanu hrskave.

Pomiješajte preostale sastojke u zdjelu za salatu; na vrhu s prženim šparogama i prepečenim kruhom.

Sa zadovoljstvom!

Salata od kvinoje i crnog graha

(Spremno za oko 15 minuta + vrijeme hlađenja | Za 4 osobe)

Po porciji: Kalorije: 433; Masti: 17,3 g; Ugljikohidrati: 57g; Bjelančevine: 15,1 g

Sirovine

2 šalice vode

1 šalica kvinoje, isprane

16 unci konzerviranog crnog graha, ocijeđenog

2 rum rajčice, narezane na ploške

1 glavica crvenog luka sitno nasjeckana

1 krastavac, očišćen od sjemenki i nasjeckan

2 češnja češnjaka, protisnuta ili nasjeckana

2 talijanske paprike, očišćene od sjemenki i narezane na ploške

2 žlice nasjeckanog svježeg peršina

2 žlice nasjeckanog svježeg korijandera

1/4 šalice maslinovog ulja

1 svježe iscijeđen limun

1 žlica jabučnog octa

1/2 žličice sušenog kopra

1/2 žličice sušenog origana

Morska sol i mljeveni crni papar, po ukusu

ADRESE

Stavite vodu i kvinoju u lonac i zakuhajte. Odmah prokuhajte.

Kuhajte oko 13 minuta dok kvinoja ne upije svu vodu; Kvinoju izbosti vilicom i ostaviti da se potpuno ohladi. Zatim prebacite kvinoju u zdjelu za salatu.

Dodajte ostale sastojke u zdjelu za salatu i dobro promiješajte. Sa zadovoljstvom!

Bogata bulgur salata sa začinskim biljem

(Spremno za oko 20 minuta + vrijeme hlađenja | Za 4 osobe)

Po porciji: Kalorije: 408; Masti: 18,3 g; Ugljikohidrati: 51,8g; Bjelančevine: 13,1 g

Sirovine

2 šalice vode

1 šalica bulgura

12 unci konzerviranog slanutka, ocijeđenog

1 perzijski krastavac, tanko narezan

2 paprike, očišćene od sjemenki i tanko narezane

1 jalapeno papričica, bez sjemenki i tanko narezana

2 rum rajčice, narezane na ploške

1 glavica luka sitno nasjeckana

2 žlice svježe nasjeckanog bosiljka

2 žlice nasjeckanog svježeg peršina

2 žlice nasjeckane svježe metvice

2 žlice svježe nasjeckanog vlasca

4 žlice maslinovog ulja

1 žlica balzamičnog octa

1 žlica soka od limuna

1 žličica svježeg češnjaka, protisnutog

Morska sol i svježe mljeveni crni papar, po ukusu

2 žlice prehrambenog kvasca

1/2 šalice Kalamata maslina, narezanih

ADRESE

Zakuhajte vodu i bulgur u loncu. Odmah smanjite vatru i pustite da lagano kuha oko 20 minuta ili dok bulgur ne omekša i voda gotovo ne upije. Izbosti vilicom i izvrnuti na veliki pleh da se ohladi.

Stavite bulgur u zdjelu za salatu, a zatim slanutak, krastavce, papriku, rajčice, luk, bosiljak, peršin, metvicu i vlasac.

Pomiješajte maslinovo ulje, balzamični ocat, limunov sok, češnjak, sol i crni papar u maloj posudi. Začinite salatu i promiješajte.

Pospite hranjivim kvascem, ukrasite maslinama i poslužite na sobnoj temperaturi. Sa zadovoljstvom!

Klasična salata od pečene paprike

(Spremno za oko 15 minuta + vrijeme hlađenja | Za 3 osobe)

Po porciji: Kalorije: 178; Masti: 14,4 g; Ugljikohidrati: 11,8g; Bjelančevine: 2,4 g

Sirovine

6 paprika

3 žlice ekstra djevičanskog maslinovog ulja

3 žličice crvenog vinskog octa

3 češnja češnjaka sitno nasjeckana

2 žlice nasjeckanog svježeg peršina

Morska sol i svježe mljeveni crni papar, po ukusu

1/2 žličice pahuljica crvene paprike

6 žlica nasjeckanih pinjola

ADRESE

Pecite paprike na limu obloženom papirom za pečenje oko 10 minuta, okrećući tavu na pola vremena pečenja, dok ne pougljeni sa svih strana.

Zatim pokrijte paprike plastičnom folijom da se kuhaju na pari. Odbacite kožu, sjemenke i pulpu.

Paprike narežite na trakice i pomiješajte s ostalim sastojcima. Stavite u hladnjak do posluživanja. Sa zadovoljstvom!

Dobra zimska juha od kvinoje

(Spremno za oko 25 minuta | Za 4 osobe)

Po porciji: Kalorije: 328; Masti: 11,1 g; Ugljikohidrati: 44,1 g; Bjelančevine: 13,3 g

Sirovine

2 žlice maslinovog ulja

1 kosani luk

2 mrkve očišćene i nasjeckane

1 nasjeckani pastrnjak

1 stabljika nasjeckanog celera

1 šalica nasjeckane žute tikve

4 češnja češnjaka, protisnuta ili nasjeckana

4 šalice juhe od pečenog povrća

2 srednje rajčice, zgnječene

1 šalica kvinoje

Morska sol i mljeveni crni papar, po ukusu

1 list lovora

2 šalice smoga, bez tvrdog rebra i narezanog na komade

2 žlice nasjeckanog talijanskog peršina

ADRESE

Zagrijte masline u loncu s debelim dnom na srednje jakoj vatri. Sada pržite luk, mrkvu, pastrnjak, celer i tikvicu oko 3 minute ili dok povrće ne omekša.

Dodajte češnjak i nastavite kuhati 1 minutu ili dok ne zamiriše.

Zatim dodajte povrtnu juhu, rajčice, kvinoju, sol, papar i lovorov list; dovesti do vrenja. Odmah smanjite vatru i kuhajte 13 minuta.

Dodajte krumpir; nastavite pirjati dok švicarac ne uvene.

Ulijte u pojedinačne zdjelice i poslužite ukrašeno svježim peršinom. Sa zadovoljstvom!

salata od zelene leće

(Spremno za oko 20 minuta + vrijeme hlađenja | Za 5 osoba)

Po porciji: Kalorije: 349; Masti: 15,1 g; Ugljikohidrati: 40,9 g; Bjelančevine: 15,4 g

Sirovine

1 ½ šalice zelene leće, isprane

2 šalice rikule

2 šalice zelene salate, narezane na komade

1 šalica mladog špinata

1/4 šalice svježeg nasjeckanog bosiljka

1/2 šalice nasjeckane ljutike

2 češnja češnjaka sitno nasjeckana

1/4 šalice osušenih rajčica, upakiranih u ulje, opranih i nasjeckanih

5 žlica ekstra djevičanskog maslinovog ulja

3 žlice svježeg soka od limuna

Morska sol i mljeveni crni papar, po ukusu

ADRESE

Zakuhajte 4 ½ šalice vode i crvenu leću u velikom loncu.

Odmah smanjite vatru i nastavite kuhati leću još 15 do 17 minuta ili dok ne omekša, ali ne postane kašasta. Ocijedite i pustite da se potpuno ohladi.

Premjestite leću u zdjelu za salatu; pomiješajte leću s ostalim sastojcima dok se dobro ne sjedine.

Poslužite hladno ili na sobnoj temperaturi. Sa zadovoljstvom!

. Juha od tikve od žira, slanutka i kus-kusa

(Spremno za oko 20 minuta | Za 4 osobe)

Po porciji: Kalorije: 378; Masti: 11 g; Ugljikohidrati: 60,1 g; Bjelančevine: 10,9 g

Sirovine

2 žlice maslinovog ulja

1 nasjeckana ljutika

1 mrkva, izrezana i nasjeckana

2 šalice nasjeckane tikve od žira

1 stabljika nasjeckanog celera

1 žličica sitno nasjeckanog češnjaka

1 žličica osušenog ružmarina, nasjeckanog

1 žličica osušene majčine dušice, nasjeckane

2 šalice vrhnja od luka

2 šalice vode

1 šalica suhog kus-kusa

Morska sol i mljeveni crni papar, po ukusu

1/2 žličice pahuljica crvene paprike

6 unci konzerviranog slanutka, ocijeđenog

2 žlice svježeg soka od limuna

ADRESE

Zagrijte masline u loncu s debelim dnom na srednje jakoj vatri. Sada pržite ljutiku, mrkvu, tikvice i celer oko 3 minute ili dok povrće ne omekša.

Dodajte češnjak, ružmarin i majčinu dušicu i nastavite pržiti 1 minutu ili dok ne zamiriše.

Zatim dodajte juhu, vodu, kus-kus, sol, crni papar i ljuskice crvene paprike; dovesti do vrenja. Odmah smanjite vatru i kuhajte 12 minuta.

Umiješajte slanutak iz konzerve; nastavite pirjati dok se ne zagrije ili još oko 5 minuta.

Poslužite u zasebnim zdjelicama i poškropite limunovim sokom. Sa zadovoljstvom!

. Juha od kupusa s crostinima od češnjaka

(Spremno za oko 1 sat | Za 4 osobe)

Po porciji: Kalorije: 408; Masti: 23,1 g; Ugljikohidrati: 37,6g; Bjelančevine: 11,8 g

Sirovine

Juha:

2 žlice maslinovog ulja

1 srednji poriluk, nasjeckan

1 šalica nasjeckane cikle

1 nasjeckani pastrnjak

1 narezana mrkva

2 šalice nasjeckanog kupusa

2 češnja češnjaka sitno nasjeckana

4 šalice juhe od povrća

2 lista lovora

Morska sol i mljeveni crni papar, po ukusu

1/4 žličice sjemenki kumina

1/2 žličice sjemenki gorušice

1 žličica sušenog bosiljka

2 rajčice, pasirane

Crostini:

8 kriški bageta

2 glavice češnjaka

4 žlice ekstra djevičanskog maslinovog ulja

ADRESE

Zagrijte 2 žlice maslina u loncu na srednje jakoj vatri. Sada pržite poriluk, repu, pastrnjak i mrkvu oko 4 minute ili dok povrće ne postane hrskavo.

Dodajte češnjak i kupus i nastavite kuhati 1 minutu ili dok ne zamiriše.

Zatim dodajte povrtnu juhu, lovorov list, sol, crni papar, sjemenke kumina, sjemenke gorušice, sušeni bosiljak i pasiranu rajčicu; dovesti do vrenja. Odmah smanjite vatru i ostavite da lagano kuha oko 20 minuta.

U međuvremenu zagrijte pećnicu na 375 stupnjeva F. Sada pecite češnjak i kriške baguettea oko 15 minuta. Izvadite crostine iz pećnice.

Nastavite peći češnjak još 45 minuta ili dok vrlo ne omekša. Neka se češnjak ohladi.

Sada svaku glavicu češnjaka zarežite oštrim nožem da odvojite sve češnjeve.

Pečene režnjeve češnjaka ocijedite od ljuske. Masu od češnjaka zdrobite s 4 žlice ekstra djevičanskog maslinovog ulja.

Ravnomjerno rasporedite smjesu pečenog češnjaka po vrhu crostinija. Poslužite uz toplu juhu. Sa zadovoljstvom!

Juha od zelenog graha

(Spremno za oko 35 minuta | Za 4 osobe)

Po porciji: Kalorije: 410; Masti: 19,6 g; Ugljikohidrati: 50,6 g; Bjelančevine: 13,3 g

Sirovine

1 žlica sezamovog ulja

1 kosani luk

1 zelena paprika, bez sjemenki i nasjeckana

2 krumpira očistiti i narezati na kockice

2 režnja mljevenog češnjaka

4 šalice juhe od povrća

1 kilogram zelenih mahuna nasjeckanih

Morska sol i mljeveni crni papar, začiniti

1 šalica svježeg kokosovog mlijeka

ADRESE

Zagrijte sjemenke sezama u loncu s debelim dnom na srednje jakoj vatri. Sada pržite luk, papriku i krumpir oko 5 minuta uz redovito miješanje.

Dodajte češnjak i nastavite kuhati 1 minutu ili dok ne zamiriše.

Zatim dodajte juhu od povrća, mahune, sol i crni papar; dovesti do vrenja. Odmah smanjite vatru i kuhajte 20 minuta.

Pasirajte mješavinu zelenog graha potopnom miješalicom dok ne postane kremasta i glatka.

Smjesu pirea vratite u lonac. Dodajte kokosovo mlijeko i nastavite kuhati dok se ne zgusne ili još 5 minuta.

Ulijte u pojedinačne zdjelice i poslužite vruće. Sa zadovoljstvom!

Tradicionalna francuska juha od luka

(Spremno za oko 1 sat i 30 minuta | Za 4 osobe)

Po porciji: Kalorije: 129; Masti: 8,6 g; Ugljikohidrati: 7,4 g; Bjelančevine: 6,3 g

Sirovine

2 žlice maslinovog ulja

2 velika žuta luka, tanko narezana

2 grančice majčine dušice, nasjeckane

2 grančice ružmarina nasjeckane

2 žličice balzamičnog octa

4 šalice juhe od povrća

Morska sol i mljeveni crni papar, po ukusu

ADRESE

Zagrijte maslinovo ulje na srednje jakoj vatri u loncu ili loncu. Sada kuhajte luk s majčinom dušicom, ružmarinom i 1 žličicom morske soli oko 2 minute.

Sada smanjite vatru na srednje nisku i nastavite kuhati dok se luk ne karamelizira ili oko 50 minuta.

Dodajte aceto balsamico i nastavite kuhati još 15 minuta. Dodajte juhu, sol i crni papar i nastavite pirjati 20 do 25 minuta.

Poslužite uz tost i uživajte!

. juha od pečene mrkve

(Spremno za oko 50 minuta | Za 4 osobe)

Po porciji: Kalorije: 264; Masti: 18,6 g; Ugljikohidrati: 20,1 g; Bjelančevine: 7,4 g

Sirovine

1 ½ kilograma mrkve

4 žlice maslinovog ulja

1 nasjeckani žuti luk

2 režnja mljevenog češnjaka

1/3 žličice mljevenog kima

Morska sol i bijeli papar, po ukusu.

1/2 žličice kurkume u prahu

4 šalice juhe od povrća

2 žličice soka od limuna

2 žlice svježeg korijandera, nasjeckanog

ADRESE

Započnite zagrijavanjem pećnice na 400 stupnjeva F. Stavite mrkvu na veliki lim za pečenje obložen papirom za pečenje; mrkvu pomiješajte s 2 žlice maslinova ulja.

Pecite mrkvu oko 35 minuta ili dok ne omekša.

Zagrijte preostale 2 žlice maslinovog ulja u loncu s debelim dnom. Sada pržite luk i češnjak oko 3 minute ili dok ne zamirišu.

Dodajte kumin, sol, papar, kurkumu, povrtni temeljac i pečenu mrkvu. Nastavite kuhati na laganoj vatri još 12 minuta.

Mikserom izradite juhu u pire. Pokapajte juhu limunovim sokom i poslužite ukrašeno listićima svježeg korijandera. Sa zadovoljstvom!

Talijanska penne salata od tjestenine

(Spremno za oko 15 minuta + vrijeme hlađenja | Za 3 osobe)

Po porciji: Kalorije: 614; Masti: 18,1 g; Ugljikohidrati: 101 g; Bjelančevine: 15,4 g

Sirovine

9 unci penne tjestenine

9 unci konzerviranih cannellini graha, ocijeđenih

1 manja glavica luka sitno nasjeckana

1/3 šalice Niçoise maslina, bez koštica i narezanih na ploške

2 talijanske paprike, narezane na ploške

1 šalica cherry rajčica, prerezanih na pola

3 šalice rikule

Zavoj:

3 žlice ekstra djevičanskog maslinovog ulja

1 žličica limunove korice

1 žličica mljevenog češnjaka

3 žlice balzamičnog octa

1 žličica mješavine talijanskog bilja

Morska sol i mljeveni crni papar, po ukusu

ADRESE

Skuhajte penne tjesteninu prema uputama na pakiranju. Ocijedite i isperite tjesteninu. Pustite da se potpuno ohladi pa ga prebacite u zdjelu za salatu.

Zatim u zdjelu za salatu dodajte mahune, luk, masline, papriku, rajčice i rikulu.

Pomiješajte sve sastojke u preljevu dok se sve dobro ne sjedini. Začinite salatu i poslužite vrlo hladnu. Sa zadovoljstvom!

Indijska Chana Chaat salata

(Spremno za oko 45 minuta + vrijeme hlađenja | Za 4 osobe)

Po porciji: Kalorije: 604; Masti: 23,1 g; Ugljikohidrati: 80g; Bjelančevine: 25,3 g

Sirovine

1 kilogram suhog slanutka, namočenog preko noći

2 San Marzano rajčice, narezane na kockice

1 perzijski krastavac, narezan na ploške

1 kosani luk

1 paprika, bez sjemenki i tanko narezana

1 zeleni čili, bez sjemenki i narezan na tanke ploške

2 šake mladog špinata

1/2 žličice kašmirskog čilija u prahu

4 lista curryja, nasjeckana

1 žlica Chaat Masala

2 žlice svježeg soka od limuna ili po ukusu

4 žlice maslinovog ulja

1 žličica agavinog sirupa

1/2 žličice sjemenki gorušice

1/2 žličice sjemenki korijandera

2 žlice sjemenki sezama, lagano popržene

2 žlice svježeg korijandera, nasjeckanog

ADRESE

Slanutak ocijedite i stavite u veliki lonac. Prekrijte slanutak vodom 2 cm i pustite da prokuha.

Odmah isključite vatru i nastavite kuhati oko 40 minuta.

Pomiješajte slanutak s rajčicama, krastavcem, lukom, paprikom, špinatom, čilijem u prahu, listovima curryja i chaat masalom.

Dobro izmiješajte limunov sok, maslinovo ulje, agavin sirup, sjemenke gorušice i sjemenke korijandera u maloj posudi.

Ukrasite sjemenkama sezama i svježim korijanderom. Sa zadovoljstvom!

Tempeh salata s rezancima na tajlandski način

(Spremno za oko 45 minuta | Za 3 osobe)

Po porciji: Kalorije: 494; Masti: 14,5 g; Ugljikohidrati: 75g; Bjelančevine: 18,7 g

Sirovine

6 unci tempeha

4 žlice rižinog octa

4 žlice soja umaka

2 režnja mljevenog češnjaka

1 mala limeta, svježe iscijeđena

5 unci rižinih rezanaca

1 nasjeckana mrkva

1 nasjeckana ljutika

3 šake bok choya, tanko narezanog

3 šake kelja narezanog na komadiće

1 paprika, bez sjemenki i tanko narezana

1 kg ptičjeg oka nasjeckanog

1/4 šalice maslaca od kikirikija

2 žlice agavinog sirupa

ADRESE

Stavite tempeh, 2 žlice rižinog octa, sojin umak, češnjak i limunov sok u keramičku zdjelu; kuhati oko 40 minuta.

U međuvremenu skuhajte rižine rezance prema uputama na pakiranju. Ocijedite rezance i stavite u zdjelu za salatu.

Dodajte mrkvu, ljutiku, kupus, kelj i papriku u zdjelu za salatu. Dodajte maslac od kikirikija, preostale 2 žlice rižinog octa i agavin sirup i promiješajte da se sjedini.

Prelijte mariniranim tempehom i odmah poslužite. Uživati!

Klasična krema od brokule

(Spremno za oko 35 minuta | Za 4 osobe)

Po porciji: Kalorije: 334; Masti: 24,5 g; Ugljikohidrati: 22,5g; Bjelančevine: 10,2 g

Sirovine

2 žlice maslinovog ulja

1 kilogram brokule

1 kosani luk

1 štapić nasjeckanog celera

1 nasjeckani pastrnjak

1 žličica mljevenog češnjaka

3 šalice juhe od povrća

1/2 žličice sušenog kopra

1/2 žličice sušenog origana

Morska sol i mljeveni crni papar, po ukusu

2 žlice lanenog brašna

1 šalica punomasnog mlijeka

ADRESE

Zagrijte maslinovo ulje u loncu s debelim dnom na srednje jakoj vatri. Sada pržite brokulu, luk, celer i pastrnjak oko 5 minuta uz redovito miješanje.

Dodajte češnjak i nastavite kuhati 1 minutu ili dok ne zamiriše.

Zatim dodajte juhu od povrća, kopar, origano, sol i crni papar; dovesti do vrenja. Odmah smanjite vatru i ostavite da lagano kuha oko 20 minuta.

Pasirajte juhu mikserom dok ne postane kremasta i glatka.

Smjesu pirea vratite u lonac. Pomiješajte laneno brašno i kokosovo mlijeko; nastavite pirjati dok se ne zagrije ili oko 5 minuta.

Stavite u četiri zdjelice i uživajte!

Marokanska salata od leće i grožđica

(Spremno za oko 20 minuta + vrijeme hlađenja | Za 4 osobe)

Po porciji: Kalorije: 418; Masti: 15g; Ugljikohidrati: 62,9 g; Bjelančevine: 12,4 g

Sirovine

1 šalica crvene leće, isprane

1 velika mrkva, nasjeckana

1 perzijski krastavac, tanko narezan

1 nasjeckani slatki luk

1/2 šalice zlatnih grožđica

1/4 šalice svježe metvice, nasjeckane

1/4 šalice svježeg bosiljka, nasjeckanog

1/4 šalice ekstra djevičanskog maslinovog ulja

1/4 šalice soka od limuna, svježe iscijeđenog

1 žličica naribane kore limuna

1/2 žličice svježeg korijena đumbira, oguljenog i nasjeckanog

1/2 žličice granuliranog češnjaka

1 žličica mljevenog papra

Morska sol i mljeveni crni papar, po ukusu

ADRESE

Zakuhajte 3 šalice vode i 1 šalicu leće u velikom loncu.

Odmah smanjite vatru i nastavite kuhati leću još 15 do 17 minuta, ili dok ne omekša, ali još nije kašasta. Ocijedite i pustite da se potpuno ohladi.

Premjestite leću u zdjelu za salatu; dodajte mrkvu, krastavac i slatki luk. Zatim u salatu dodajte grožđice, metvicu i bosiljak.

U maloj posudi pomiješajte maslinovo ulje, limunov sok, limunovu koricu, đumbir, češnjak, piment, sol i crni papar.

Začinite salatu i poslužite vrlo hladnu. Sa zadovoljstvom!

Salata od šparoga i piletine

(Spremno za oko 10 minuta + vrijeme hlađenja | Za 5 porcija)

Po porciji: Kalorije: 198; Masti: 12,9 g; Ugljikohidrati: 17,5g; Bjelančevine: 5,5 g

Sirovine

1 ¼ funte šparoga, obrezanih i narezanih na male komadiće

5 unci konzerviranog slanutka, ocijeđenog i ispranog

1 chipotle čili, bez sjemenki i nasjeckan

1 talijanska paprika babura, bez sjemenki i nasjeckana

1/4 šalice svježeg lišća bosiljka, nasjeckanog

1/4 šalice svježeg lišća peršina, nasjeckanog

2 žlice svježeg lišća metvice

2 žlice svježe nasjeckanog vlasca

1 žličica mljevenog češnjaka

1/4 šalice ekstra djevičanskog maslinovog ulja

1 žlica balzamičnog octa

1 žlica svježeg soka od limuna

2 žlice soja umaka

1/4 žličice mljevenog papra

1/4 žličice mljevenog kima

Morska sol i svježe mljeveni papar, po ukusu

ADRESE

Zakuhajte veliki lonac posoljene vode zajedno sa šparogama; pustite da kuha 2 minute; ocijedite i isperite.

Premjestite šparoge u zdjelu za salatu.

Pomiješajte šparoge sa slanutkom, paprikom, začinskim biljem, češnjakom, maslinovim uljem, octom, limunovim sokom, soja umakom i začinima.

Promiješajte da se sjedini i odmah poslužite. Sa zadovoljstvom!

Staromodna salata od zelenog graha

(Spremno za oko 10 minuta + vrijeme hlađenja | Za 4 osobe)

Po porciji: Kalorije: 240; Masti: 14,1 g; Ugljikohidrati: 29g; Bjelančevine: 4,4 g

Sirovine

1 ½ kilograma nasjeckanih zelenih mahuna

1/2 šalice nasjeckanog vlasca

1 žličica mljevenog češnjaka

1 perzijski krastavac, narezan na ploške

2 šalice grožđanih rajčica, prerezanih na pola

1/4 šalice maslinovog ulja

1 žličica blagog senfa

2 žlice tamari umaka

2 žlice soka od limuna

1 žlica jabučnog octa

1/4 žličice mljevenog kima

1/2 žličice osušene majčine dušice

Morska sol i mljeveni crni papar, po ukusu

ADRESE

Kuhajte zelene mahune u velikom loncu slane vode dok ne omekšaju, oko 2 minute.

Ocijedite i ostavite grah da se potpuno ohladi; zatim ih prebacite u zdjelu za salatu. Mahune pomiješajte s ostalim sastojcima.

Sa zadovoljstvom!

Zimska juha od graška

(Spremno za oko 25 minuta | Za 4 osobe)

Po porciji: Kalorije: 234; Masti: 5,5 g; Ugljikohidrati: 32,3g; Bjelančevine: 14,4 g

Sirovine

1 žlica maslinovog ulja

2 žlice nasjeckane ljutike

1 narezana mrkva

1 nasjeckani pastrnjak

1 stabljika nasjeckanog celera

1 žličica svježe nasjeckanog češnjaka

4 šalice juhe od povrća

2 lista lovora

1 grančica ružmarina, nasjeckana

16 unci konzerviranog mornaričkog graha

Pahuljice morske soli i mljeveni crni papar, po ukusu

ADRESE

Zagrijte masline u loncu s debelim dnom na srednje jakoj vatri. Sada pržite ljutiku, mrkvu, pastrnjak i celer oko 3 minute ili dok povrće ne omekša.

Dodajte češnjak i nastavite kuhati 1 minutu ili dok ne zamiriše.

Zatim dodajte povrtnu juhu, lovorov list i ružmarin i prokuhajte. Odmah smanjite vatru i pustite da lagano krčka 10 minuta.

Dodajte bijeli grah i nastavite kuhati još 5 minuta dok se ne zagrije. Začinite solju i crnim paprom po ukusu.

Poslužite u pojedinačnim zdjelicama, bacite listove lovora i poslužite vruće. Sa zadovoljstvom!

Talijanska Cremini juha od gljiva

(Spremno za oko 15 minuta | Za 3 osobe)

Po porciji: Kalorije: 154; Masti: 12,3 g; Ugljikohidrati: 9,6 g; Bjelančevine: 4,4 g

Sirovine

3 žlice veganskog maslaca

1 češnjak, mljeveni

1 crvena paprika, nasjeckana

1/2 žličice protisnutog češnjaka

3 šalice cremini gljiva, nasjeckanih

2 žlice bademovog brašna

3 šalice vode

1 žličica mješavine talijanskog bilja

Morska sol i mljeveni crni papar, po ukusu

1 velika žlica svježeg vlasca nasjeckanog

ADRESE

Otopite veganski maslac u loncu na srednje jakoj vatri. Kad se zagrije, pržite luk i papriku oko 3 minute dok ne omekšaju.

Dodajte češnjak i cremini gljive te nastavite pržiti dok gljive ne omekšaju. Posipajte bademovo brašno preko gljiva i nastavite kuhati oko 1 minutu.

Dodajte ostale sastojke. Zakuhajte poklopljeno i nastavite kuhati još 5-6 minuta dok se tekućina malo ne zgusne.

Poslužuje se u tri zdjelice uz juhu i garnira svježim vlascem. Sa zadovoljstvom!

Krema od krumpira sa začinskim biljem

(Spremno za oko 40 minuta | Za 4 osobe)

Po porciji: Kalorije: 400; Masti: 9g; Ugljikohidrati: 68,7g; Bjelančevine: 13,4 g

Sirovine

2 žlice maslinovog ulja

1 kosani luk

1 stabljika nasjeckanog celera

4 velika krumpira očišćena i nasjeckana

2 režnja mljevenog češnjaka

1 žličica svježe nasjeckanog bosiljka

1 žličica nasjeckanog svježeg peršina

1 žličica svježe nasjeckanog ružmarina

1 list lovora

1 žličica mljevenog papra

4 šalice juhe od povrća

Sol i svježe mljeveni crni papar, po ukusu.

2 žlice svježe nasjeckanog vlasca

ADRESE

Zagrijte maslinovo ulje u loncu s debelim dnom na srednje jakoj vatri. Kad se zagrije, pržite luk, celer i krumpir oko 5 minuta uz redovito miješanje.

Dodajte češnjak, bosiljak, peršin, ružmarin, lovorov list i začinsko bilje i nastavite kuhati 1 minutu ili dok ne zamiriše.

Sada dodajte juhu od povrća, sol i crni papar i brzo prokuhajte. Odmah smanjite vatru i ostavite da lagano kuha oko 30 minuta.

Pasirajte juhu mikserom dok ne postane kremasta i glatka.

Juhu zagrijte i poslužite sa svježim vlascem. Sa zadovoljstvom!

Salata od kvinoje i avokada

(Spremno za oko 15 minuta + vrijeme hlađenja | Za 4 osobe)

Po porciji: Kalorije: 399; Masti: 24,3 g; Ugljikohidrati: 38,5g; Bjelančevine: 8,4 g

Sirovine

1 šalica kvinoje, isprane

1 kosani luk

1 rajčica, narezana na kockice

2 pečene paprike narezane na trakice

2 žlice nasjeckanog peršina

2 žlice nasjeckanog bosiljka

1/4 šalice ekstra djevičanskog maslinovog ulja

2 žlice crvenog vinskog octa

2 žlice soka od limuna

1/4 žličice kajenskog papra

Morska sol i svježe mljeveni crni papar, za začin

1 avokado, oguljen, bez koštica i narezan na ploške

1 žlica tostiranog sezama

ADRESE

Stavite vodu i kvinoju u lonac i zakuhajte. Odmah prokuhajte.

Kuhajte oko 13 minuta dok kvinoja ne upije svu vodu; Kvinoju izbosti vilicom i ostaviti da se potpuno ohladi. Zatim prebacite kvinoju u zdjelu za salatu.

U zdjelu za salatu dodajte luk, rajčice, pečenu papriku, peršin i bosiljak. U drugoj maloj posudi pomiješajte maslinovo ulje, ocat, limunov sok, kajenski papar, sol i crni papar.

Začinite salatu i promiješajte da se dobro sjedini. Na vrh stavite kriške avokada i ukrasite prženim sezamom.

Sa zadovoljstvom!

Tabule salata sa tofuom

(Spremno za oko 20 minuta + vrijeme hlađenja | Za 4 osobe)

Po porciji: Kalorije: 379; Masti: 18,3 g; Ugljikohidrati: 40,7g; Bjelančevine: 19,9 g

Sirovine

1 šalica bulgur brašna

2 San Marzano rajčice, narezane na ploške

1 perzijski krastavac, tanko narezan

2 žlice nasjeckanog bosiljka

2 žlice nasjeckanog peršina

4 nasjeckana mlada luka

2 šalice rikule

2 šalice mladog špinata, narezanog na komade

4 žlice tahinija

4 žlice soka od limuna

1 žlica soja umaka

1 žličica svježeg češnjaka, protisnutog

Morska sol i mljeveni crni papar, po ukusu

12 unci dimljenog tofua, narezanog na kockice

ADRESE

U loncu zakuhajte 2 šalice vode i bulgur. Odmah smanjite vatru i pustite da lagano kuha oko 20 minuta ili dok bulgur ne omekša i voda gotovo ne upije. Izbosti vilicom i izvrnuti na veliki pleh da se ohladi.

Stavite bulgur u zdjelu za salatu, a zatim rajčice, krastavce, bosiljak, peršin, mladi luk, rikulu i špinat.

U maloj zdjeli pomiješajte tahini, limunov sok, sojin umak, češnjak, sol i crni papar. Začinite salatu i promiješajte.

Salatu prelijte dimljenim tofuom i poslužite na sobnoj temperaturi. Sa zadovoljstvom!

Vrtna salata od tjestenine

(Spremno za oko 10 minuta + vrijeme hlađenja | Za 4 osobe)

Po porciji: Kalorije: 479; Masti: 15g; Ugljikohidrati: 71,1 g; Bjelančevine: 14,9 g

Sirovine

12 unci rotini tjestenine

1 manja glavica luka sitno nasjeckana

1 šalica cherry rajčica, prerezanih na pola

1 paprika, nasjeckana

1 jalapeño papričica, nasjeckana

1 žlica kapara, ocijeđenih

2 šalice zelene salate iceberg, narezane na komade

2 žlice nasjeckanog svježeg peršina

2 žlice nasjeckanog svježeg korijandera

2 žlice svježe nasjeckanog bosiljka

1/4 šalice maslinovog ulja

2 žlice jabučnog octa

1 žličica protisnutog češnjaka

Košer sol i mljeveni crni papar, po ukusu

2 žlice prehrambenog kvasca

2 žlice prženih i nasjeckanih pinjola

ADRESE

Skuhajte tjesteninu prema uputama na pakiranju. Ocijedite i isperite tjesteninu. Pustite da se potpuno ohladi pa ga prebacite u zdjelu za salatu.

Zatim dodajte luk, rajčice, paprike, kapare, zelenu salatu, peršin, cilantro i bosiljak u zdjelu za salatu.

Pomiješajte maslinovo ulje, ocat, češnjak, sol, crni papar i prehrambeni kvasac. Začinite salatu i na vrh stavite tostirane pinjole. Sa zadovoljstvom!

tradicionalni ukrajinski boršč

(Spremno za oko 40 minuta | Za 4 osobe)

Po porciji: Kalorije: 367; Masti: 9,3 g; Ugljikohidrati: 62,7g; Bjelančevine: 12,1 g

Sirovine

2 žlice sezamovog ulja

1 nasjeckani crveni luk

2 mrkve, izrezane i narezane

2 velike cikle oguljene i narezane na ploške

2 veća krompira očistiti i narezati na kockice

4 šalice juhe od povrća

2 režnja mljevenog češnjaka

1/2 žličice sjemenki kumina

1/2 žličice sjemenki celera

1/2 žličice sjemenki komorača

1 kg crvenog kupusa, nasjeckanog

1/2 žličice miješanog svježe izlomljenog papra u zrnu

Košer sol, po ukusu

2 lista lovora

2 žlice vinskog octa

ADRESE

Zagrijte sezamovo ulje na srednje jakoj vatri u nizozemskoj pećnici. Kad je vruće, kuhajte luk dok ne postane mekan i proziran, oko 6 minuta.

Dodajte mrkvu, ciklu i krumpir te nastavite pržiti još 10 minuta uz redovito dolijevanje povrtnog temeljca.

Zatim dodajte češnjak, sjemenke kumina, sjemenke celera, sjemenke komorača i nastavite pržiti još 30 sekundi.

Dodajte kupus, mješavinu papra u zrnu, sol i lovor. Dodajte preostali temeljac i pustite da zavrije.

Odmah smanjite vatru i nastavite kuhati još 20 do 23 minute dok povrće ne omekša.

Poslužite u zasebnim zdjelicama i pokapajte octom. Poslužite i uživajte!

salata od beluga leće

(Spremno za oko 20 minuta + vrijeme hlađenja | Za 4 osobe)

Po porciji: Kalorije: 338; Masti: 16,3 g; Ugljikohidrati: 37,2g; Bjelančevine: 13 g

Sirovine

1 šalica beluga leće, isprane

1 perzijski krastavac, narezan na ploške

1 velika rajčica, narezana na ploške

1 nasjeckani crveni luk

1 paprika, narezana na ploške

1/4 šalice svježeg nasjeckanog bosiljka

1/4 šalice svježeg talijanskog peršina, nasjeckanog

2 unce zelenih maslina, bez koštica i narezanih

1/4 šalice maslinovog ulja

4 žlice soka od limuna

1 žličica blagog senfa

1/2 žličice mljevenog češnjaka

1/2 žličice mljevene crvene paprike

Morska sol i mljeveni crni papar, po ukusu

ADRESE

Zakuhajte 3 šalice vode i 1 šalicu leće u velikom loncu.

Odmah smanjite vatru i nastavite kuhati leću još 15 do 17 minuta ili dok ne omekša, ali ne postane kašasta. Ocijedite i pustite da se potpuno ohladi.

Premjestite leću u zdjelu za salatu; dodajte krastavce, rajčice, luk, papriku, bosiljak, peršin i masline.

Pomiješajte maslinovo ulje, limunov sok, senf, češnjak, ljuskice crvene paprike, sol i crni papar u maloj posudi.

Začinite salatu, promiješajte i poslužite vrlo hladnu. Sa zadovoljstvom!

Indijska naan salata

(Spremno za oko 10 minuta | Za 3 osobe)

Po porciji: Kalorije: 328; Masti: 17,3 g; Ugljikohidrati: 36,6 g; Bjelančevine: 6,9 g

Sirovine

3 žlice sezamovog ulja

1 čajna žličica đumbira, oguljenog i nasjeckanog

1/2 žličice sjemenki kumina

1/2 žličice sjemenki gorušice

1/2 žličice miješanog papra u zrnu

1 žlica curry lišća

3 naan kruha, natrgana na male komadiće

1 nasjeckana ljutika

2 rajčice, nasjeckane

Himalajska sol, po ukusu

1 žlica soja umaka

ADRESE

Zagrijte 2 žlice sezamovog ulja u neprianjajućoj tavi na srednje jakoj vatri.

Pržite đumbir, sjemenke kumina, sjemenke gorušice, miješani papar u zrnu i curry lišće otprilike 1 minutu, dok ne zamirišu.

Dodajte naan kruh i nastavite kuhati, redovito miješajući, dok ne porumeni i bude dobro obložen začinima.

Stavite ljutiku i rajčicu u zdjelu za salatu; pomiješajte ih sa soli, sojinim umakom i preostalom žlicom sezamova ulja.

Stavite tost na vrh salate i poslužite na sobnoj temperaturi. Uživati!

Salata od pečene paprike na grčki način

(Spremno za oko 10 minuta | čini 2)

Po porciji: Kalorije: 185; Masti: 11,5 g; Ugljikohidrati: 20,6 g; Bjelančevine: 3,7 g

Sirovine

2 crvene paprike

2 žute paprike

2 češnja češnjaka, protisnuta

4 žličice ekstra djevičanskog maslinovog ulja

1 žlica kapara, isprati i ocijediti

2 žlice crvenog vinskog octa

Morska sol i mljeveni papar, po ukusu

1 žličica svježeg kopra, nasjeckanog

1 žličica svježe nasjeckanog origana

1/4 šalice Kalamata maslina, oguljenih i narezanih na ploške

ADRESE

Pecite paprike na limu obloženom papirom za pečenje oko 10 minuta, okrećući tavu na pola vremena pečenja, dok ne pougljeni sa svih strana.

Zatim pokrijte paprike plastičnom folijom da se kuhaju na pari. Odbacite kožu, sjemenke i pulpu.

Papriku narežite na trakice i stavite u zdjelu za salatu. Dodajte ostale sastojke i promiješajte da se dobro sjedine.

Stavite u hladnjak do posluživanja. Sa zadovoljstvom!

Juha od graha i krumpira

(Spremno za oko 30 minuta | Za 4 osobe)

Po porciji: Kalorije: 266; Masti: 7,7 g; Ugljikohidrati: 41,3g; Bjelančevine: 9,3 g

Sirovine

2 žlice maslinovog ulja

1 kosani luk

1 kg krumpira oguljenog i narezanog na kockice

1 srednja stabljika celera, nasjeckana

2 režnja mljevenog češnjaka

1 žličica paprike

4 šalice vode

2 žlice veganske juhe u prahu

16 unci konzerviranog graha, ocijeđenog

2 šalice mladog špinata

Morska sol i mljeveni crni papar, po ukusu

ADRESE

Zagrijte masline u loncu s debelim dnom na srednje jakoj vatri. Sada pržite luk, krumpir i celer oko 5 minuta ili dok luk ne postane proziran i mekan.

Dodajte češnjak i nastavite kuhati 1 minutu ili dok ne zamiriše.

Zatim dodajte papriku, vodu i veganski prašak za pecivo i prokuhajte. Odmah smanjite vatru i pustite da lagano krčka 15 minuta.

Umiješajte crni grah i špinat; nastavite pirjati oko 5 minuta dok se ne zagrije. Začinite solju i crnim paprom po ukusu.

Ulijte u pojedinačne zdjelice i poslužite vruće. Sa zadovoljstvom!

Zimska salata od kvinoje s kiselim krastavcima

(Spremno za oko 20 minuta + vrijeme hlađenja | Za 4 osobe)

Po porciji: Kalorije: 346; Masti: 16,7 g; Ugljikohidrati: 42,6 g; Bjelančevine: 9,3 g

Sirovine

1 šalica kvinoje

4 češnja češnjaka nasjeckana

2 kisela krastavca nasjeckana

10 unci konzervirane crvene paprike, nasjeckane

1/2 šalice zelenih maslina, očišćenih od koštica i narezanih na ploške

2 šalice kupusa, nasjeckanog

2 šalice zelene salate iceberg, narezane na komade

4 kisele ljute papričice nasjeckane

4 žlice maslinovog ulja

1 žlica soka od limuna

1 žličica limunove korice

1/2 žličice sušenog mažurana

Morska sol i mljeveni crni papar, po ukusu

1/4 šalice svježeg vlasca, grubo nasjeckanog

ADRESE

Dvije šalice vode i kvinoju stavite u lonac i zakuhajte. Odmah prokuhajte.

Kuhajte oko 13 minuta dok kvinoja ne upije svu vodu; Kvinoju izbosti vilicom i ostaviti da se potpuno ohladi. Zatim prebacite kvinoju u zdjelu za salatu.

Dodajte češnjak, kisele krastavce, papriku, masline, kupus, kelj i ukiseljeni čili u zdjelu salate i promiješajte da se sjedini.

Pripremite preljev u maloj posudi pomiješajući ostale sastojke. Začinite salatu, dobro promiješajte i odmah poslužite. Sa zadovoljstvom!

Juha od pečenih šumskih gljiva

(Priprema se za oko 55 minuta | Za 3 osobe)

Po porciji: Kalorije: 313; Masti: 23,5 g; Ugljikohidrati: 14,5g; Bjelančevine: 14,5 g

Sirovine

3 žlice sezamovog ulja

1 kilogram miješanih šumskih gljiva narezanih na ploške

1 češnjak, mljeveni

3 češnja češnjaka nasjeckana i razdijeljena

2 grančice majčine dušice, nasjeckane

2 grančice ružmarina nasjeckane

1/4 šalice brašna od lanenog sjemena

1/4 šalice suhog bijelog vina

3 šalice juhe od povrća

1/2 žličice pahuljica crvenog čilija

Češnjak sol i svježe mljeveni crni papar, za začin

ADRESE

Počnite tako da prethodno zagrijete pećnicu na 395 stupnjeva F.

Šampinjone poredajte u jednom sloju na tepsiju obloženu papirom za pečenje. Pokapajte gljive s 1 žlicom sezamovog ulja.

Gljive pecite u prethodno zagrijanoj pećnici oko 25 minuta ili dok ne omekšaju.

Zagrijte preostale 2 žlice sezamovog ulja u loncu na srednje jakoj vatri. Zatim pržite luk oko 3 minute ili dok ne omekša i postane proziran.

Zatim dodajte češnjak, majčinu dušicu i ružmarin i nastavite pržiti oko 1 minutu dok ne zamiriše. Sve pospite lanenim sjemenkama.

Dodajte ostale sastojke i nastavite pirjati još 10 do 15 minuta ili dok sve ne bude kuhano.

Dodajte pržene gljive i nastavite kuhati još 12 minuta. Ulijte u zdjelice za juhu i poslužite vruće. Uživati!

Juha od zelenog graha na mediteranski način

(Spremno za oko 25 minuta | čini 5)

Po porciji: Kalorije: 313; Masti: 23,5 g; Ugljikohidrati: 14,5g; Bjelančevine: 14,5 g

Sirovine

2 žlice maslinovog ulja

1 kosani luk

1 list celera, nasjeckan

1 narezana mrkva

2 režnja mljevenog češnjaka

1 nasjeckana tikvica

5 šalica juhe od povrća

1 ¼ funte zelenog graha, obrezanog i narezanog na male komadiće

2 srednje pasirane rajčice

Morska sol i svježe mljeveni crni papar, po ukusu

1/2 žličice kajenskog papra

1 žličica origana

1/2 žličice sušenog kopra

1/2 šalice Kalamata maslina, oguljenih i narezanih na ploške

ADRESE

Zagrijte masline u loncu s debelim dnom na srednje jakoj vatri. Sada pržite luk, celer i mrkvu oko 4 minute ili dok povrće ne omekša.

Dodajte češnjak i tikvice i nastavite kuhati 1 minutu ili dok ne zamiriše.

Zatim dodajte juhu od povrća, zelene mahune, rajčice, sol, crni papar, kajenski papar, origano i sušeni kopar; dovesti do vrenja. Odmah smanjite vatru i pustite da lagano kuha oko 15 minuta.

Razlijte u pojedinačne zdjelice i poslužite s narezanim maslinama. Sa zadovoljstvom!

Krema od mrkve

(Spremno za oko 30 minuta | Za 4 osobe)

Po porciji: Kalorije: 333; Masti: 23g; Ugljikohidrati: 26g; Bjelančevine: 8,5 g

Sirovine

2 žlice sezamovog ulja

1 kosani luk

1 ½ kg mrkve, izrezane i nasjeckane

1 nasjeckani pastrnjak

2 režnja mljevenog češnjaka

1/2 žličice curry praha

morska sol i kajenski papar, po ukusu

4 šalice juhe od povrća

1 šalica svježeg kokosovog mlijeka

ADRESE

Zagrijte sezamovo ulje u loncu s debelim dnom na srednje jakoj vatri. Sada pržite luk, mrkvu i pastrnjak oko 5 minuta, redovito miješajući.

Dodajte češnjak i nastavite kuhati 1 minutu ili dok ne zamiriše.

Zatim dodajte curry prah, sol, kajenski papar i juhu od povrća; brzo prokuhajte. Odmah smanjite vatru i pustite da lagano krčka 18 do 20 minuta.

Pasirajte juhu mikserom dok ne postane kremasta i glatka.

Smjesu pirea vratite u lonac. Dodajte kokosovo mlijeko i nastavite kuhati dok se ne zgusne ili još 5 minuta.

Podijelite u četiri zdjelice i poslužite vruće. Sa zadovoljstvom!

Nonnina talijanska pizza salata

(Spremno za oko 15 minuta + vrijeme hlađenja | Za 4 osobe)

Po porciji: Kalorije: 595; Masti: 17,2 g; Ugljikohidrati: 93 g; Bjelančevine: 16 g

Sirovine

1 kilogram makarona

1 šalica mariniranih gljiva, narezanih na ploške

1 šalica grožđanih rajčica, prepolovljenih

4 žlice nasjeckanog vlasca

1 žličica mljevenog češnjaka

1 talijanska paprika, narezana na ploške

1/4 šalice ekstra djevičanskog maslinovog ulja

1/4 šalice balzamičnog octa

1 žličica sušenog origana

1 žličica sušenog bosiljka

1/2 žličice sušenog ružmarina

morska sol i kajenski papar, po ukusu

1/2 šalice crnih maslina, narezanih

ADRESE

Skuhajte tjesteninu prema uputama na pakiranju. Ocijedite i isperite tjesteninu. Pustite da se potpuno ohladi pa ga prebacite u zdjelu za salatu.

Zatim dodajte ostatak i miješajte dok se makaroni dobro ne prekriju.

Kušajte i prilagodite začine; stavite pizza salatu u hladnjak do upotrebe. Sa zadovoljstvom!

Zlatna kremasta juha od povrća

(Spremno za oko 45 minuta | Za 4 osobe)

Po porciji: Kalorije: 550; Masti: 27,2 g; Ugljikohidrati: 70,4g; Bjelančevine: 13,2 g

Sirovine

2 žlice ulja avokada

1 nasjeckani žuti luk

2 Yukon Gold krumpira, oguljena i narezana na kockice

2 kg maslaca od kikirikija, oguljenog, bez koštica i narezanog na kockice

1 pastrnjak, orezan i narezan

1 žličica paste od đumbira i češnjaka

1 žličica kurkume u prahu

1 žličica sjemena komorača

1/2 žličice čilija u prahu

1/2 žličice začina za pitu od bundeve

Košer sol i mljeveni crni papar, po ukusu

3 šalice juhe od povrća

1 šalica punomasnog mlijeka

2 žlice sjemenki bundeve

ADRESE

Zagrijte ulje u loncu s debelim dnom na srednje jakoj vatri. Sada pržite luk, krumpir, krumpir i pastrnjak oko 10 minuta, redovito miješajući kako biste osigurali ravnomjerno kuhanje.

Dodajte pastu od đumbira i češnjaka i nastavite pržiti 1 minutu ili dok ne zamiriše.

Zatim dodajte kurkumu u prahu, sjemenke komorača, čili u prahu, začin za pitu od bundeve, sol, crni papar i juhu od povrća; dovesti do vrenja. Odmah smanjite vatru i pirjajte oko 25 minuta.

Pasirajte juhu mikserom dok ne postane kremasta i glatka.

Smjesu pirea vratite u lonac. Dodajte kokosovo mlijeko i nastavite kuhati dok se ne zgusne ili još 5 minuta.

Ulijte u pojedinačne zdjelice i poslužite ukrašeno pepitom. Sa zadovoljstvom!

Tradicionalni indijski Rajma Dal

(Spremno za oko 20 minuta | Za 4 osobe)

Po porciji: Kalorije: 269; Masti: 15,2 g; Ugljikohidrati: 22,9 g; Bjelančevine: 7,2 g

Sirovine

3 žlice sezamovog ulja

1 žličica nasjeckanog đumbira

1 žličica sjemenki kumina

1 žličica sjemenki korijandera

1 veliki nasjeckani luk

1 stabljika nasjeckanog celera

1 žličica mljevenog češnjaka

1 šalica kečapa

1 žličica garam masale

1/2 žličice curry praha

1 mali štapić cimeta

1 zeleni čili, bez sjemenki i nasjeckan

2 šalice konzerviranog graha, ocijeđenog

2 šalice juhe od povrća

Košer sol i mljeveni crni papar, po ukusu

ADRESE

Zagrijte sezamovo ulje u loncu na srednje jakoj vatri; sada tostirajte đumbir, sjemenke kumina i sjemenke korijandera dok ne zamirišu ili otprilike 30 sekundi.

Dodajte luk i celer i nastavite kuhati još 3 minute dok ne omekšaju.

Dodajte češnjak i nastavite pržiti još 1 minutu.

Ostatak sastojaka pomiješajte u loncu i zakuhajte. Nastavite kuhati 10 do 12 minuta ili dok ne bude kuhano. Poslužite toplo i uživajte!

salata od crvenog graha

(Spremno za oko 1 sat + vrijeme hlađenja | Za 6 porcija)

Po porciji: Kalorije: 443; Masti: 19,2 g; Ugljikohidrati: 52,2 g; Bjelančevine: 18,1 g

Sirovine

3/4 kilograma graha namočenog preko noći

2 nasjeckane paprike

1 mrkva, izrezana i naribana

3 unce smrznutih ili konzerviranih kukuruznih zrna, ocijeđenih

3 žlice nasjeckanog vlasca

2 režnja mljevenog češnjaka

1 crvena čili papričica, narezana na ploške

1/2 šalice ekstra djevičanskog maslinovog ulja

2 žlice jabučnog octa

2 žlice svježeg soka od limuna

Morska sol i mljeveni crni papar, po ukusu

2 žlice nasjeckanog svježeg korijandera

2 žlice nasjeckanog svježeg peršina

2 žlice svježe nasjeckanog bosiljka

ADRESE

Poklopljeni grah prelijte svježom vodom i prokuhajte. Pustite da kuha oko 10 minuta. Smanjite vatru i nastavite kuhati 50 do 55 minuta ili dok ne omekša.

Pustite da se mahune potpuno ohlade pa ih prebacite u zdjelu za salatu.

Dodajte ostale sastojke i promiješajte da se dobro sjedine. Sa zadovoljstvom!

Anasazi varivo od graha i povrća

(Spremno za oko 1 sat | Za 3 osobe)

Po porciji: Kalorije: 444; Masti: 15,8 g; Ugljikohidrati: 58,2g; Bjelančevine: 20,2 g

Sirovine

1 šalica Anasazi graha, namočenog preko noći i ocijeđenog

3 šalice juhe od pečenog povrća

1 list lovora

1 grančica majčine dušice, nasjeckana

1 grančica ružmarina, nasjeckana

3 žlice maslinovog ulja

1 veliki nasjeckani luk

2 nasjeckane stabljike celera

2 mrkve, nasjeckane

2 paprike, očišćene od sjemenki i nasjeckane

1 zeleni čili, bez sjemenki i nasjeckan

2 režnja mljevenog češnjaka

Morska sol i mljeveni crni papar, po ukusu

1 žličica kajenskog papra

1 žličica paprike

ADRESE

Zakuhajte Anasazi grah i juhu u loncu. Nakon što zavrije, smanjite vatru da lagano kuha. Dodajte listove lovora, majčinu dušicu i ružmarin; pirjajte oko 50 minuta ili dok ne omekša.

U međuvremenu, u loncu s debelim dnom zagrijte maslinovo ulje na srednje jakoj vatri. Sada pržite luk, celer, mrkvu i papriku oko 4 minute dok ne omekšaju.

Dodajte češnjak i nastavite kuhati još 30 sekundi ili dok ne zamiriše.

Smjesu od pečenja dodajte kuhanom grahu. Začinite solju, crnim paprom, kajenskim paprom i paprikom.

Nastavite kuhati na laganoj vatri uz povremeno miješanje još 10 minuta ili dok se ne zakuha. Sa zadovoljstvom!

Lagana i dobra Shakshuka

(Spremno za oko 50 minuta | Za 4 osobe)

Po porciji: Kalorije: 324; Masti: 11,2 g; Ugljikohidrati: 42,2 g; Bjelančevine: 15,8 g

Sirovine

2 žlice maslinovog ulja

1 kosani luk

2 nasjeckane paprike

1 poblano paprika, nasjeckana

2 režnja mljevenog češnjaka

2 rajčice, pasirane

Morska sol i crni papar, po ukusu.

1 žličica sušenog bosiljka

1 žličica pahuljica crvene paprike

1 žličica paprike

2 lista lovora

1 šalica slanutka, namočenog preko noći, ispranog i ocijeđenog

3 šalice juhe od povrća

2 žlice svježeg korijandera, nasjeckanog

ADRESE

Zagrijte maslinovo ulje u loncu na srednje jakoj vatri. Kad je vruće, kuhajte luk, papriku i češnjak oko 4 minute, dok ne omekšaju i ne zamirišu.

Dodajte rajčice, pastu od rajčice, morsku sol, crni papar, bosiljak, crvenu papriku, papriku i lovorov list.

Zakuhajte i dodajte slanutak i juhu od povrća. Kuhajte 45 minuta ili dok ne omekša.

Kušajte i prilagodite začine. Rasipajte shakshuku u pojedinačne zdjelice i poslužite ukrašeno svježim cilantrom. Sa zadovoljstvom!

staromodni čili

(Spremno za oko 1 sat i 30 minuta | Za 4 osobe)

Po porciji: Kalorije: 514; Masti: 16,4 g; Ugljikohidrati: 72g; Bjelančevine: 25,8 g

Sirovine

3/4 kilograma graha namočenog preko noći

2 žlice maslinovog ulja

1 kosani luk

2 nasjeckane paprike

1 nasjeckana crvena čili papričica

2 nasjeckana rebra celera

2 režnja mljevenog češnjaka

2 lista lovora

1 žličica mljevenog kima

1 žličica nasjeckanog timijana

1 žličica crnog papra u zrnu

20 unci zgnječenih rajčica

2 šalice juhe od povrća

1 žličica dimljene paprike

morska sol, po ukusu

2 žlice nasjeckanog svježeg korijandera

1 avokado, izrezan, oguljen i narezan

ADRESE

Poklopljeni grah prelijte svježom vodom i prokuhajte. Pustite da kuha oko 10 minuta. Smanjite vatru i nastavite kuhati 50 do 55 minuta ili dok ne omekša.

Zagrijte maslinovo ulje na srednje jakoj vatri u loncu s debelim dnom. Kad je vruće popržite luk, papriku i celer.

Pržite češnjak, lovor, mljeveni kumin, majčinu dušicu i crni papar u zrnu oko 1 minutu.

Dodajte rajčicu narezanu na kockice, povrtni temeljac, papriku, sol i kuhani grah. Kuhajte uz povremeno miješanje 25 do 30 minuta ili dok ne zakuha.

Poslužite ukrašeno svježim cilantrom i avokadom. Sa zadovoljstvom!

Svijetla salata od crvene leće

(Spremno za oko 20 minuta + vrijeme hlađenja | Za 3 osobe)

Po porciji: Kalorije: 295; Masti: 18,8 g; Ugljikohidrati: 25,2g; Bjelančevine: 8,5 g

Sirovine

1/2 šalice crvene leće, namočene preko noći i ocijeđene

1 ½ šalice vode

1 grančica ružmarina

1 list lovora

1 šalica grožđanih rajčica, prepolovljenih

1 krastavac, tanko narezan

1 paprika, tanko narezana

1 češanj mljevenog češnjaka

1 glavica luka sitno nasjeckana

2 žlice svježeg soka od limuna

4 žlice maslinovog ulja

Morska sol i mljeveni crni papar, po ukusu

ADRESE

Dodajte crvenu leću, vodu, ružmarin i lovor u lonac i pustite da zavrije na jakoj vatri. Zatim smanjite vatru i nastavite kuhati 20 minuta ili dok ne omekša.

Stavite leću u zdjelu za salatu i ostavite da se potpuno ohladi.

Dodajte ostale sastojke i promiješajte da se dobro sjedine. Poslužuje se na sobnoj temperaturi ili hladno.

Sa zadovoljstvom!

Salata od slanutka na mediteranski način

(Spremno za oko 40 minuta + vrijeme hlađenja | Za 4 osobe)

Po porciji: Kalorije: 468; Masti: 12,5 g; Ugljikohidrati: 73g; Bjelančevine: 21,8 g

Sirovine

2 šalice slanutka, namočenog preko noći i ocijeđenog

1 perzijski krastavac, narezan na ploške

1 šalica cherry rajčica, prerezanih na pola

1 crvena paprika, bez sjemenki i narezana

1 zelena paprika, bez sjemenki i narezana na ploške

1 žličica blagog senfa

1 žličica sjemenki korijandera

1 žličica jalapeño papra, nasjeckanog

1 žlica svježeg soka od limuna

1 žlica balzamičnog octa

1/4 šalice ekstra djevičanskog maslinovog ulja

Morska sol i mljeveni crni papar, po ukusu

2 žlice nasjeckanog svježeg korijandera

2 žlice Kalamata maslina, grubo oguljenih i narezanih na ploške

ADRESE

Stavite slanutak u lonac; prekrijte slanutak vodom 2 cm. Neka prokuha.

Odmah isključite vatru i nastavite kuhati oko 40 minuta ili dok ne omekša.

Prebacite slanutak u zdjelu za salatu. Dodajte ostale sastojke i promiješajte da se dobro sjedine. Sa zadovoljstvom!

Tradicionalni toskanski gulaš od graha (Ribollita)

(Spremno za oko 25 minuta | čini 5)

Po porciji: Kalorije: 388; Masti: 10,3 g; Ugljikohidrati: 57,3g; Bjelančevine: 19,5 g

Sirovine

3 žlice maslinovog ulja

1 srednji poriluk, nasjeckan

1 list celera, nasjeckan

1 tikvica, narezana na kockice

1 talijanska paprika, narezana na ploške

3 češnja češnjaka nasjeckana

2 lista lovora

Košer sol i mljeveni crni papar, po ukusu

1 žličica kajenskog papra

1 konzerva (28 unci) rajčice, zgnječene

2 šalice juhe od povrća

2 limenke (15 unci) velikog sjevernog graha, ocijeđenog

2 šalice kelja Lacinato, narezanog na komade

1 šalica crostinija

ADRESE

Zagrijte maslinovo ulje na srednje jakoj vatri u loncu s debelim dnom. Kad se zagrije, pržite poriluk, celer, tikvice i papar oko 4 minute.

Pržite češnjak i lovor oko 1 minutu.

Dodajte začine, rajčice, temeljac i graha iz konzerve. Kuhajte uz povremeno miješanje oko 15 minuta ili dok ne skuha.

Dodajte Lacinato kelj i nastavite kuhati na laganoj vatri uz povremeno miješanje 4 minute.

Poslužuju se ukrašeni crostinima. Sa zadovoljstvom!

Mješavina povrća i beluga leće

(Spremno za oko 25 minuta | čini 5)

Po porciji: Kalorije: 382; Masti: 9,3 g; Ugljikohidrati: 59g; Bjelančevine: 17,2 g

Sirovine

3 žlice maslinovog ulja

1 kosani luk

2 paprike, očišćene od sjemenki i nasjeckane

1 mrkva, izrezana i nasjeckana

1 pastrnjak, orezan i nasjeckan

1 žličica nasjeckanog đumbira

2 režnja mljevenog češnjaka

Morska sol i mljeveni crni papar, po ukusu

1 veća tikvica, narezana na kockice

1 šalica kečapa

1 šalica juhe od povrća

1 ½ šalice beluga leće, namočene preko noći i ocijeđene

2 šalice krumpira

ADRESE

Zagrijte maslinovo ulje u nizozemskoj pećnici do vrenja. Sada popržite luk, papriku, mrkvu i pastrnjak dok ne omekšaju.

Dodajte đumbir i češnjak i nastavite pržiti još 30 sekundi.

Sada dodajte sol, crni papar, tikvice, umak od rajčice, juhu od povrća i leću; kuhati oko 20 minuta dok se sve dobro ne skuha.

Dodajte krumpir; poklopite i kuhajte još 5 minuta. Sa zadovoljstvom!

Meksičke taco zdjelice od slanutka

(Spremno za oko 15 minuta | Za 4 osobe)

Po porciji: Kalorije: 409; Masti: 13,5 g; Ugljikohidrati: 61,3g; Bjelančevine: 13,8 g

Sirovine

2 žlice sezamovog ulja

1 nasjeckani crveni luk

1 habanero paprika, nasjeckana

2 češnja češnjaka nasjeckana

2 paprike, očišćene od sjemenki i narezane na kockice

Morska sol i mljeveni crni papar

1/2 žličice meksičkog origana

1 žličica mljevenog kima

2 zrele rajčice, pasirane

1 žličica smeđeg šećera

16 unci konzerviranog slanutka, ocijeđenog

4 tortilje od brašna (8 inča)

2 žlice svježeg korijandera, nasjeckanog

ADRESE

Zagrijte sezamovo ulje u velikoj tavi na umjerenoj vatri. Zatim pržite luk 2 do 3 minute ili dok ne omekša.

Dodajte papriku i češnjak i nastavite kuhati 1 minutu ili dok ne zamiriše.

Dodajte začine, rajčice i smeđi šećer i pustite da zavrije. Odmah smanjite vatru, dodajte slanutak iz konzerve i kuhajte još 8 minuta ili dok ne bude kuhan.

Tostirajte svoje tortilje i slojite ih pripremljenom smjesom od slanutka.

Prelijte svježim cilantrom i odmah poslužite. Sa zadovoljstvom!

Indijac Dal Makhani

(Spremno za oko 20 minuta | Za 6 osoba)

Po porciji: Kalorije: 329; Masti: 8,5 g; Ugljikohidrati: 44,1 g; Bjelančevine: 16,8 g

Sirovine

3 žlice sezamovog ulja

1 veliki nasjeckani luk

1 paprika, bez sjemenki i nasjeckana

2 režnja mljevenog češnjaka

1 žlica naribanog đumbira

2 zelena čilija, očišćena od sjemenki i nasjeckana

1 žličica sjemenki kumina

1 list lovora

1 žličica kurkume u prahu

1/4 žličice crvene paprike

1/4 žličice mljevenog papra

1/2 žličice garam masale

1 šalica kečapa

4 šalice juhe od povrća

1 ½ šalice crne leće, namočene preko noći i ocijeđene

4-5 listova curryja, za ukras h

ADRESE

Zagrijte sezamovo ulje u loncu na srednje jakoj vatri; sada pržite luk i papriku još 3 minute dok ne omekšaju.

Dodajte češnjak, đumbir, zeleni čili, sjemenke kumina i lovorov list; nastavite kuhati, često miješajući, 1 minutu ili dok ne zamiriše.

Dodajte ostale sastojke osim curry listova. Sada prokuhajte. Nastavite kuhati još 15 minuta ili dok se ne skuha.

Ukrasite curry listićima i poslužite vruće!

Tepsija od graha na meksički način

(Spremno za oko 1 sat + vrijeme hlađenja | Za 6 porcija)

Po porciji: Kalorije: 465; Masti: 17,9 g; Ugljikohidrati: 60,4g; Bjelančevine: 20,2 g

Sirovine

1 kilogram boba namočenih preko noći i ocijeđenih

1 šalica konzerviranog kukuruznog zrna, ocijeđenog

2 pečene paprike narezane na ploške

1 čili, sitno nasjeckan

1 šalica cherry rajčica, prerezanih na pola

1 nasjeckani crveni luk

1/4 šalice svježeg cilantra, nasjeckanog

1/4 šalice nasjeckanog svježeg peršina

1 žličica meksičkog origana

1/4 šalice crvenog vinskog octa

2 žlice svježeg soka od limuna

1/3 šalice ekstra djevičanskog maslinovog ulja

Morska sol i mljevena crna sol po ukusu

1 avokado, oguljen, bez koštica i narezan na ploške

ADRESE

Poklopljeni grah prelijte svježom vodom i prokuhajte. Pustite da kuha oko 10 minuta. Smanjite vatru i nastavite kuhati 50 do 55 minuta ili dok ne omekša.

Pustite da se mahune potpuno ohlade pa ih prebacite u zdjelu za salatu.

Dodajte ostale sastojke i promiješajte da se dobro sjedine. Poslužuje se na sobnoj temperaturi.

Sa zadovoljstvom!

klasična talijanska minestrone

(Spremno za oko 30 minuta | Za 5 osoba)

Po porciji: Kalorije: 305; Masti: 8,6 g; Ugljikohidrati: 45,1 g; Bjelančevine: 14,2 g

Sirovine

2 žlice maslinovog ulja

1 veliki luk, narezan na kockice

2 narezane mrkve

4 češnja češnjaka nasjeckana

1 šalica paste za laktove

5 šalica juhe od povrća

1 konzerva (15 unci) mornarskog graha, ocijeđenog

1 veća tikvica, narezana na kockice

1 konzerva (28 unci) rajčice, zgnječene

1 žlica svježeg lišća origana, nasjeckanog

1 žlica svježeg lišća bosiljka, nasjeckanog

1 žlica svježeg talijanskog peršina, nasjeckanog

ADRESE

Zagrijte maslinovo ulje u nizozemskoj pećnici do vrenja. Sada pržite luk i mrkvu dok ne omekšaju.

Dodajte češnjak, sirovu tjesteninu i juhu; kuhati oko 15 minuta.

Dodajte mahune, tikvice, rajčice i začinsko bilje. Nastavite kuhati poklopljeno oko 10 minuta dok se sve ne skuha.

Po želji ukrasite s nekoliko dodatnih biljaka. Sa zadovoljstvom!

Varivo od zelene leće sa zelenilom

(Spremno za oko 30 minuta | Za 5 osoba)

Po porciji: Kalorije: 415; Masti: 6,6 g; Ugljikohidrati: 71 g; Bjelančevine: 18,4 g

Sirovine

2 žlice maslinovog ulja

1 kosani luk

2 batata očišćena i narezana na kockice

1 paprika, nasjeckana

2 mrkve, nasjeckane

1 nasjeckani pastrnjak

1 nasjeckani celer

2 češnja češnjaka

1 ½ šalice zelene leće

1 žlica mješavine talijanskog bilja

1 šalica kečapa

5 šalica juhe od povrća

1 šalica smrznutog kukuruza

1 šalica povrća, narezanog na komade

ADRESE

Zagrijte maslinovo ulje u nizozemskoj pećnici do vrenja. Sada popržite luk, batat, papriku, mrkvu, pastrnjak i celer dok ne omekšaju.

Dodajte češnjak i nastavite pržiti još 30 sekundi.

Sada dodajte zelenu leću, mješavinu talijanskog bilja, kečap i juhu od povrća; kuhati oko 20 minuta dok se sve dobro ne skuha.

Dodajte smrznuti kukuruz i zelje; poklopite i kuhajte još 5 minuta. Sa zadovoljstvom!

Mješavina povrća sa slanutkom

(Spremno za oko 30 minuta | Za 4 osobe)

Po porciji: Kalorije: 369; Masti: 18,1 g; Ugljikohidrati: 43,5g; Bjelančevine: 13,2 g

Sirovine

2 žlice maslinovog ulja

1 sitno nasjeckani luk

1 paprika, nasjeckana

1 lukovica komorača, nasjeckana

3 češnja mljevenog češnjaka

2 zrele rajčice, pasirane

2 žlice nasjeckanog svježeg peršina

2 žlice svježeg bosiljka, nasjeckanog

2 žlice svježeg korijandera, nasjeckanog

2 šalice juhe od povrća

14 unci konzerviranog slanutka, ocijeđenog

Košer sol i mljeveni crni papar, po ukusu

1/2 žličice kajenskog papra

1 žličica paprike

1 avokado, oguljen i narezan

ADRESE

Zagrijte maslinovo ulje na srednje jakoj vatri u loncu s debelim dnom. Na vrućem pržite luk, papriku i komorač oko 4 minute.

Pirjajte češnjak oko 1 minutu ili dok ne postane aromatičan.

Dodajte rajčice, svježe začinsko bilje, juhu, slanutak, sol, crni papar, kajenski papar i papriku. Kuhajte uz povremeno miješanje oko 20 minuta ili dok ne skuha.

Kušajte i prilagodite začine. Poslužite ukrašeno svježim kriškama avokada. Sa zadovoljstvom!

ljuti umak od graha

(Spremno za oko 30 minuta | Za 10 porcija)

Po porciji: Kalorije: 175; Masti: 4,7 g; Ugljikohidrati: 24,9 g; Bjelančevine: 8,8 g

Sirovine

2 limenke (15 unci) velikog sjevernog graha, ocijeđenog

2 žlice maslinovog ulja

2 žlice Sriracha umaka

2 žlice prehrambenog kvasca

4 unce veganskog krem sira

1/2 žličice paprike

1/2 žličice kajenskog papra

1/2 žličice mljevenog kima

Morska sol i mljeveni crni papar, po ukusu

4 unce tortilja čipsa

ADRESE

Počnite tako da prethodno zagrijete pećnicu na 360 stupnjeva F.

Pomiješajte sve sastojke osim tortilja čipsa u multipraktiku do željene gustoće.

Pecite umak u prethodno zagrijanoj pećnici oko 25 minuta ili dok se ne zagrije.

Poslužite s tortilja čipsom i uživajte!

Kineska salata od soje

(Spremno za oko 10 minuta | Za 4 osobe)

Po porciji: Kalorije: 265; Masti: 13,7 g; Ugljikohidrati: 21 g; Bjelančevine: 18 g

Sirovine

1 konzerva (15 unci) zrna soje, ocijeđena

1 šalica rikule

1 šalica mladog špinata

1 šalica kelja, nasjeckanog

1 glavica luka sitno nasjeckana

1/2 žličice mljevenog češnjaka

1 žličica nasjeckanog đumbira

1/2 žličice blagog senfa

2 žlice soja umaka

1 žlica rižinog octa

1 žlica soka od limuna

2 žlice tahinija

1 žličica agavinog sirupa

ADRESE

U zdjelu za salatu stavite soju, rikulu, špinat, kupus i luk; promiješajte da se sjedini.

U maloj posudi pomiješajte ostatak sastojaka za preljev.

Začinite salatu i odmah poslužite. Sa zadovoljstvom!

Staromodna leća i juha od povrća

(Spremno za oko 25 minuta | čini 5)

Po porciji: Kalorije: 475; Masti: 17,3 g; Ugljikohidrati: 61,4g; Bjelančevine: 23,7 g

Sirovine

3 žlice maslinovog ulja

1 veliki nasjeckani luk

1 narezana mrkva

1 paprika, narezana na kockice

1 habanero paprika, nasjeckana

3 češnja mljevenog češnjaka

Košer sol i crni papar, po ukusu

1 žličica mljevenog kima

1 žličica dimljene paprike

1 konzerva (28 unci) rajčice, zgnječene

2 žlice umaka od rajčice

4 šalice juhe od povrća

3/4 funte sušene crvene leće, namočene preko noći i ocijeđene

1 kriška avokada

ADRESE

Zagrijte maslinovo ulje na srednje jakoj vatri u loncu s debelim dnom. Na vrućem pržite luk, mrkvu i papriku oko 4 minute.

Pirjajte češnjak oko 1 minutu ili tako nešto.

Dodajte začine, rajčice, kečap, temeljac i leću iz konzerve. Kuhajte uz povremeno miješanje oko 20 minuta ili dok ne skuha.

Poslužite ukrašeno kriškama avokada. Sa zadovoljstvom!

Indijska chana masala

(Spremno za oko 15 minuta | Za 4 osobe)

Po porciji: Kalorije: 305; Masti: 17,1 g; Ugljikohidrati: 30,1 g; Bjelančevine: 9,4 g

Sirovine

1 šalica rajčice, pasirane

1 kašmirski čili, nasjeckan

1 velika ljutika, nasjeckana

1 žličica svježeg đumbira, očišćenog i naribanog

4 žlice maslinovog ulja

2 režnja mljevenog češnjaka

1 žličica sjemenki korijandera

1 žličica garam masale

1/2 žličice kurkume u prahu

Morska sol i mljeveni crni papar, po ukusu

1/2 šalice juhe od povrća

16 unci konzerviranog slanutka

1 žlica svježeg soka od limuna

ADRESE

Stavite rajčice, kašmirski čili, ljutiku i đumbir u blender ili procesor hrane.

Zagrijte maslinovo ulje u loncu na srednje jakoj vatri. Kad je vruće kuhajte pripremljenu tjesteninu i češnjak oko 2 minute.

Dodajte ostatak začina, temeljac i slanutak. Stavite vatru na laganu vatru. Nastavite kuhati još 8 minuta ili dok se ne skuha.

Maknite s vatre. Svaku porciju pokapajte svježim limunovim sokom. Sa zadovoljstvom!

pašteta od crvenog graha

(Spremno za oko 10 minuta | Za 8 obroka)

Po porciji: Kalorije: 135; Masti: 12,1 g; Ugljikohidrati: 4,4 g; Bjelančevine: 1,6 g

Sirovine

2 žlice maslinovog ulja

1 kosani luk

1 paprika, nasjeckana

2 režnja mljevenog češnjaka

2 šalice graha, kuhanog i ocijeđenog

1/4 šalice maslinovog ulja

1 žličica senfa samljevenog u kamenu

2 žlice nasjeckanog svježeg peršina

2 žlice svježe nasjeckanog bosiljka

Morska sol i mljeveni crni papar, po ukusu

ADRESE

Zagrijte maslinovo ulje u loncu na srednje jakoj vatri. Sada pržite luk, papriku i češnjak dok ne omekšaju ili oko 3 minute.

Dodajte smjesu za prženje u blender; dodajte ostale sastojke. Pasirajte sastojke u blenderu ili multipraktiku dok ne postane homogena i kremasta.

Sa zadovoljstvom!

zdjelica smeđe leće

(Spremno za oko 20 minuta + vrijeme hlađenja | Za 4 osobe)

Po porciji: Kalorije: 452; Masti: 16,6 g; Ugljikohidrati: 61,7g; Bjelančevine: 16,4 g

Sirovine

1 šalica smeđe leće, namočene preko noći i ocijeđene

3 šalice vode

2 šalice kuhane smeđe riže

1 tikvica, narezana na kockice

1 nasjeckani crveni luk

1 žličica mljevenog češnjaka

1 kriška krastavca

1 paprika, narezana na ploške

4 žlice maslinovog ulja

1 žlica rižinog octa

2 žlice soka od limuna

2 žlice soja umaka

1/2 žličice sušenog origana

1/2 žličice mljevenog kima

Morska sol i mljeveni crni papar, po ukusu

2 šalice rikule

2 šalice zelene salate, narezane na komade

ADRESE

Dodajte smeđu leću i vodu u lonac i pustite da zavrije na jakoj vatri. Zatim smanjite vatru i nastavite kuhati 20 minuta ili dok ne omekša.

Stavite leću u zdjelu za salatu i ostavite da se potpuno ohladi.

Dodajte ostale sastojke i promiješajte da se dobro sjedine. Poslužuje se na sobnoj temperaturi ili hladno. Sa zadovoljstvom!

Ljuta i začinjena Anasazi juha od graha

(Spremno za oko 1 sat i 10 minuta | Za 5 osoba)

Po porciji: Kalorije: 352; Masti: 8,5 g; Ugljikohidrati: 50,1 g; Bjelančevine: 19,7 g

Sirovine

2 šalice Anasazi graha, namočenog preko noći, ocijeđenog i ispranog

8 šalica vode

2 lista lovora

3 žlice maslinovog ulja

2 srednje glavice luka, nasjeckane

2 nasjeckane paprike

1 habanero paprika, nasjeckana

3 češnja češnjaka, protisnuta ili nasjeckana

Morska sol i mljeveni crni papar, po ukusu

ADRESE

U loncu za juhu zakuhajte Anasazi grah i vodu. Nakon što zavrije, smanjite vatru da lagano kuha. Dodajte lovorov list i kuhajte oko 1 sat ili dok ne omekša.

U međuvremenu, u loncu s debelim dnom zagrijte maslinovo ulje na srednje jakoj vatri. Sada pržite luk, papriku i češnjak oko 4 minute dok ne omekšaju.

Smjesu od pečenja dodajte kuhanom grahu. Začinite solju i crnim paprom.

Nastavite kuhati na laganoj vatri uz povremeno miješanje još 10 minuta ili dok se ne zakuha. Sa zadovoljstvom!

Crnooka salata (Ñebbe)

(Spremno za oko 1 sat | Za 5 osoba)

Po porciji: Kalorije: 471; Masti: 17,5 g; Ugljikohidrati: 61,5g; Bjelančevine: 20,6 g

Sirovine

2 šalice suhog graška, namočenog preko noći i ocijeđenog

2 žlice nasjeckanih listova bosiljka

2 žlice nasjeckanog peršinovog lišća

1 nasjeckana ljutika

1 kriška krastavca

2 paprike, očišćene od sjemenki i narezane na kockice

1 chilli Scotch Bonnet, bez sjemenki i sitno nasjeckan

1 šalica cherry rajčica, narezana na četvrtine

Morska sol i mljeveni crni papar, po ukusu

2 žlice svježeg soka od limuna

1 žlica jabučnog octa

1/4 šalice ekstra djevičanskog maslinovog ulja

1 avokado, oguljen, bez koštica i narezan na ploške

ADRESE

Prelijte crnooki grašak s 2 inča vode i pustite da lagano prokuha. Pustite da kuha oko 15 minuta.

Zatim stavite na laganu vatru oko 45 minuta. Neka se potpuno ohladi.

Stavite crnooki grašak u zdjelu za salatu. Dodajte bosiljak, peršin, ljutiku, krastavac, papriku, cherry rajčice, sol i crni papar.

U posudi umutiti limunov sok, ocat i maslinovo ulje.

Začinite salatu, ukrasite svježim avokadom i odmah poslužite. Sa zadovoljstvom!

Chili Mom slava

(Spremno za oko 1 sat i 30 minuta | Za 5 osoba)

Po porciji: Kalorije: 455; Masti: 10,5 g; Ugljikohidrati: 68,6g; Bjelančevine: 24,7 g

Sirovine

1 funta crvenog crnog graha, namočenog preko noći i ocijeđenog

3 žlice maslinovog ulja

1 veliki crveni luk, narezan na kockice

2 paprike narezane na kockice

1 poblano paprika, nasjeckana

1 velika mrkva, orezana i narezana na kockice

2 režnja mljevenog češnjaka

2 lista lovora

1 žličica miješanog papra u zrnu

Košer sol i kajenski papar, po ukusu

1 žlica paprike

2 zrele rajčice, pasirane

2 žlice umaka od rajčice

3 šalice juhe od povrća

ADRESE

Poklopljeni grah prelijte svježom vodom i prokuhajte. Pustite da kuha oko 10 minuta. Smanjite vatru i nastavite kuhati 50 do 55 minuta ili dok ne omekša.

Zagrijte maslinovo ulje na srednje jakoj vatri u loncu s debelim dnom. Kad je vruće popržite luk, papriku i mrkvu.

Pržite češnjak oko 30 sekundi ili dok ne zamiriše.

U kuhani grah dodajte ostale sastojke. Kuhajte uz povremeno miješanje 25 do 30 minuta ili dok ne zakuha.

Odbacite listove lovora, stavite u pojedinačne zdjelice i poslužite vruće.

Pileća salata s grahom i pinjolima

(Spremno za oko 10 minuta | Za 4 osobe)

Po porciji: Kalorije: 386; Masti: 22,5 g; Ugljikohidrati: 37,2g; Bjelančevine: 12,9 g

Sirovine

16 unci konzerviranog slanutka, ocijeđenog

1 žličica mljevenog češnjaka

1 nasjeckana ljutika

1 šalica cherry rajčica, prerezanih na pola

1 paprika, bez sjemenki i narezana na ploške

1/4 šalice svježeg nasjeckanog bosiljka

1/4 šalice nasjeckanog svježeg peršina

1/2 šalice veganske majoneze

1 žlica soka od limuna

1 žličica kapara, ocijeđenih

Morska sol i mljeveni crni papar, po ukusu

2 unce pinjola

ADRESE

Stavite slanutak, povrće i začinsko bilje u zdjelu za salatu.

Dodajte majonezu, limunov sok, kapare, sol i crni papar. Promiješajte da se sjedini.

Pospite pinjolima i odmah poslužite. Sa zadovoljstvom!

Buddha zdjela crnog graha

(Spremno za oko 1 sat | Za 4 osobe)

Po porciji: Kalorije: 365; Masti: 14,1 g; Ugljikohidrati: 45,6 g; Bjelančevine: 15,5 g

Sirovine

1/2 funte crnog graha, namočenog preko noći i ocijeđenog

2 šalice kuhane smeđe riže

1 srednji luk, narezan na tanke ploške

1 šalica paprike, očišćene od sjemenki i narezane na ploške

1 jalapeno papričica, očišćena od sjemenki i narezana na ploške

2 režnja mljevenog češnjaka

1 šalica rikule

1 šalica mladog špinata

1 žličica kore limete

1 žlica Dijon senfa

1/4 šalice crvenog vinskog octa

1/4 šalice ekstra djevičanskog maslinovog ulja

2 žlice agavinog sirupa

Pahuljice morske soli i mljeveni crni papar, po ukusu

1/4 šalice svježeg talijanskog peršina, nasjeckanog

ADRESE

Poklopljeni grah prelijte svježom vodom i prokuhajte. Pustite da kuha oko 10 minuta. Smanjite vatru i nastavite kuhati 50 do 55 minuta ili dok ne omekša.

Za posluživanje podijelite grah i rižu u zdjelice; nadjenite povrćem.

Pomiješajte koricu limuna, senf, ocat, maslinovo ulje, agavin sirup, sol i papar u maloj posudi dok se dobro ne sjedine. Prelijte vinaigrette preko salate.

Ukrasite svježim talijanskim peršinom. Sa zadovoljstvom!

Bona pilići s Bliskog istoka

(Spremno za oko 20 minuta | Za 4 osobe)

Po porciji: Kalorije: 305; Masti: 11,2 g; Ugljikohidrati: 38,6g; Bjelančevine: 12,7 g

Sirovine

1 kosani luk

1 nasjeckani čili

2 režnja mljevenog češnjaka

1 žličica sjemena gorušice

1 žličica sjemenki korijandera

1 list lovora

1/2 šalice paste od rajčice

2 žlice maslinovog ulja

1 list celera, nasjeckan

2 srednje mrkve, izrezane i nasjeckane

2 šalice juhe od povrća

1 žličica mljevenog kima

1 mali štapić cimeta

16 unci konzerviranog slanutka, ocijeđenog

2 šalice majoneze, narezane na komade

ADRESE

Pomiješajte luk, čili, češnjak, sjemenke gorušice, sjemenke korijandera, listove lovora i pastu od rajčice u blenderu ili procesoru hrane dok ne postane glatko.

Zagrijte maslinovo ulje u loncu dok ne omekša. Sada kuhajte celer i mrkvu oko 3 minute ili dok ne omekšaju. Dodajte tjesteninu i nastavite kuhati još 2 minute.

Zatim dodajte juhu od povrća, kumin, cimet i slanutak; stavite na laganu vatru.

Smanjite vatru i ostavite da kuha 6 minuta; Umiješajte mladi luk i nastavite kuhati još 4 do 5 minuta ili dok lišće ne uvene. Poslužite vruće i uživajte!

Umak od leće i rajčice

(Spremno za oko 10 minuta | Za 8 obroka)

Po porciji: Kalorije: 144; Masti: 4,5 g; Ugljikohidrati: 20,2 g; Bjelančevine: 8,1 g

Sirovine

16 unci leće, kuhane i ocijeđene

4 žlice sušene rajčice, nasjeckane

1 šalica paste od rajčice

4 žlice tahinija

1 žličica senfa samljevenog u kamenu

1 žličica mljevenog kima

1/4 žličice mljevenog lista lovora

1 žličica pahuljica crvene paprike

Morska sol i mljeveni crni papar, po ukusu

ADRESE

Miješajte sve sastojke u blenderu ili procesoru hrane dok se ne postigne željena gustoća.

Stavite u hladnjak do posluživanja.

Poslužite s prepečenim pita kriškama ili štapićima povrća. Uživati!

Kremasta salata sa zelenim graškom

(Priprema se za oko 10 minuta + vrijeme hlađenja | Za 6 obroka)

Po porciji: Kalorije: 154; Masti: 6,7 g; Ugljikohidrati: 17,3g; Bjelančevine: 6,9 g

Sirovine

2 konzerve (14,5 unci) zelenog graha, ocijeđenog

1/2 šalice veganske majoneze

1 žličica Dijon senfa

2 žlice nasjeckanog vlasca

2 kisela krastavca nasjeckana

1/2 šalice mariniranih gljiva, nasjeckanih i ocijeđenih

1/2 žličice mljevenog češnjaka

Morska sol i mljeveni crni papar, po ukusu

ADRESE

Stavite sve sastojke u zdjelu za salatu. Lagano promiješajte da se sjedini.

Stavite salatu u hladnjak do posluživanja.

Sa zadovoljstvom!

Humus Za'atar s Bliskog istoka

(Spremno za oko 10 minuta | Za 8 obroka)

Po porciji: Kalorije: 140; Masti: 8,5 g; Ugljikohidrati: 12,4 g; Bjelančevine: 4,6 g

Sirovine

10 unci slanutka, kuhanog i ocijeđenog

1/4 šalice tahinija

2 žlice ekstra djevičanskog maslinovog ulja

2 žlice sušene rajčice, nasjeckane

1 svježe iscijeđen limun

2 režnja mljevenog češnjaka

Košer sol i mljeveni crni papar, po ukusu

1/2 žličice dimljene paprike

1 čajna žličica Za'atara

ADRESE

Pomiješajte sve sastojke u multipraktiku dok ne postanu kremasti i glatki.

Stavite u hladnjak do posluživanja.

Sa zadovoljstvom!

Salata od leće s pinjolima

(Spremno za oko 20 minuta + vrijeme hlađenja | Za 3 osobe)

Po porciji: Kalorije: 332; Masti: 19,7 g; Ugljikohidrati: 28,2g; Bjelančevine: 12,2 g

Sirovine

1/2 šalice smeđe leće

1 ½ šalice juhe od povrća

1 mrkva, narezana na kockice

1 sitno nasjeckani luk

1 kriška krastavca

2 režnja mljevenog češnjaka

3 žlice ekstra djevičanskog maslinovog ulja

1 žlica crnog vinskog octa

2 žlice soka od limuna

2 žlice nasjeckanog bosiljka

2 žlice nasjeckanog peršina

2 žlice nasjeckanog vlasca

Morska sol i mljeveni crni papar, po ukusu

2 žlice nasjeckanih pinjola

ADRESE

Dodajte smeđu leću i temeljac od povrća u lonac i pustite da zavrije na jakoj vatri. Zatim smanjite vatru i nastavite kuhati 20 minuta ili dok ne omekša.

Stavite leću u zdjelu za salatu.

Dodajte povrće i promiješajte da se dobro sjedini. U zdjeli pomiješajte ulje, ocat, limunov sok, bosiljak, peršin, vlasac, sol i crni papar.

Začinite salatu, ukrasite pinjolima i poslužite na sobnoj temperaturi. Sa zadovoljstvom!

Vruća salata od graha Anasazi

(Spremno za oko 1 sat | Za 5 osoba)

Po porciji: Kalorije: 482; Masti: 23,1 g; Ugljikohidrati: 54,2g; Bjelančevine: 17,2 g

Sirovine

2 šalice Anasazi graha, namočenog preko noći, ocijeđenog i ispranog

6 šalica vode

1 poblano paprika, nasjeckana

1 kosani luk

1 šalica cherry rajčica, prerezanih na pola

2 šalice miješane salate, nasjeckane

Zavoj:

1 žličica mljevenog češnjaka

1/2 šalice ekstra djevičanskog maslinovog ulja

1 žlica soka od limuna

2 žlice crvenog vinskog octa

1 žlica gorušice samljevene u kamenu

1 žlica soja umaka

1/2 žličice sušenog origana

1/2 žličice sušenog bosiljka

Morska sol i mljeveni crni papar, po ukusu

ADRESE

U loncu zakuhajte Anasazi grah i vodu. Kad prokuha smanjite vatru i ostavite da kuha oko 1 sat ili dok ne omekša.

Kuhane mahune ocijedite i stavite u zdjelu za salatu; dodajte drugu salatu.

Zatim u maloj posudi pomiješajte sav preljev dok se dobro ne sjedini. Začinite salatu i promiješajte. Poslužite na sobnoj temperaturi i uživajte!

Tradicionalni Mnazaleh gulaš

(Spremno za oko 25 minuta | Za 4 osobe)

Po porciji: Kalorije: 439; Masti: 24g; Ugljikohidrati: 44,9 g; Bjelančevine: 13,5 g

Sirovine

4 žlice maslinovog ulja

1 kosani luk

1 veći patlidžan, očišćen i narezan na kockice

1 šalica nasjeckane mrkve

2 režnja mljevenog češnjaka

2 velike rajčice, pasirane

1 žličica Baharat začina

2 šalice juhe od povrća

14 unci konzerviranog slanutka, ocijeđenog

Košer sol i mljeveni crni papar, po ukusu

1 srednji avokado, izrezan, oguljen i narezan na kockice

ADRESE

Zagrijte maslinovo ulje na srednje jakoj vatri u loncu s debelim dnom. Na vrućem pržite luk, patlidžan i mrkvu oko 4 minute.

Pirjajte češnjak oko 1 minutu ili dok ne postane aromatičan.

Dodajte rajčice, Baharat začine, temeljac i slanutak iz konzerve. Kuhajte uz povremeno miješanje oko 20 minuta ili dok ne skuha.

Posolite i popaprite. Poslužite ukrašeno svježim kriškama avokada. Sa zadovoljstvom!

Krema od leće od crvene paprike

(Spremno za oko 25 minuta | Za 9 porcija)

Po porciji: Kalorije: 193; Masti: 8,5 g; Ugljikohidrati: 22,3g; Bjelančevine: 8,5 g

Sirovine

1 ½ šalice crvene leće, namočene preko noći i ocijeđene

4 ½ šalice vode

1 grančica ružmarina

2 lista lovora

2 zrele paprike, očišćene od sjemenki i narezane na kockice

1 nasjeckana ljutika

2 režnja mljevenog češnjaka

1/4 šalice maslinovog ulja

2 žlice tahinija

Morska sol i mljeveni crni papar, po ukusu

ADRESE

Dodajte crvenu leću, vodu, ružmarin i lovor u lonac i pustite da zavrije na jakoj vatri. Zatim smanjite vatru i nastavite kuhati 20 minuta ili dok ne omekša.

Stavite leću u multipraktik.

Dodajte ostale sastojke i promiješajte dok se dobro ne sjedine.

Sa zadovoljstvom!

Wok pržene začinske mahune

(Spremno za oko 10 minuta | Za 4 osobe)

Po porciji: Kalorije: 196; Masti: 8,7 g; Ugljikohidrati: 23g; Bjelančevine: 7,3 g

Sirovine

2 žlice sezamovog ulja

1 kosani luk

1 mrkva, izrezana i nasjeckana

1 žličica paste od đumbira i češnjaka

1 kilogram snježnog graška

Sečuanski papar, po ukusu

1 žličica Sriracha umaka

2 žlice soja umaka

1 žlica rižinog octa

ADRESE

U woku zagrijte sezamovo ulje do vrenja. Sada pržite luk i mrkvu 2 minute ili dok ne postanu hrskavi.

Dodajte pastu od đumbira i češnjaka i nastavite kuhati još 30 sekundi.

Dodajte grah i kuhajte na jakoj vatri oko 3 minute dok lagano ne pougljeni.

Zatim dodajte papar, Srirachu, sojin umak i rižin ocat te pržite još 1 minutu. Poslužite odmah i uživajte!

brzi čili svaki dan

(Spremno za oko 35 minuta | čini 5)

Po porciji: Kalorije: 345; Masti: 8,7 g; Ugljikohidrati: 54,5g; Bjelančevine: 15,2 g

Sirovine

2 žlice maslinovog ulja

1 veliki nasjeckani luk

1 list celera, orezan i narezan na kockice

1 mrkva, oguljena i narezana na kockice

1 slatki krumpir, oguljen i narezan na kockice

3 češnja mljevenog češnjaka

1 jalapeño papričica, nasjeckana

1 žličica kajenskog papra

1 žličica sjemenki korijandera

1 žličica sjemena komorača

1 žličica paprike

2 šalice kuhane rajčice, zdrobljene

2 žlice umaka od rajčice

2 žličice veganskog kukuruznog škroba

1 šalica vode

1 šalica vrhnja od luka

2 kg pinto graha iz konzerve, ocijeđenog

1 kriška limete

ADRESE

Zagrijte maslinovo ulje na srednje jakoj vatri u loncu s debelim dnom. Na vrućem pržite luk, celer, mrkvu i batat oko 4 minute.

Pirjajte češnjak i jalapeño oko 1 minutu.

Dodajte začine, rajčice, kečap, vegansku juhu, vodu, vrhnje od luka i grah iz konzerve. Kuhajte uz povremeno miješanje oko 30 minuta ili dok ne skuha.

Poslužuju se ukrašeni kriškama limete. Sa zadovoljstvom!

Krem salata od crnog graška

(Spremno za oko 1 sat | Za 5 osoba)

Po porciji: Kalorije: 325; Masti: 8,6 g; Ugljikohidrati: 48,2 g; Bjelančevine: 17,2 g

Sirovine

1 ½ šalice crnookog graška, namočenog preko noći i ocijeđenog

4 stabljike vlasca, narezane na ploške

1 nasjeckana mrkva

1 šalica kelja, nasjeckanog

2 paprike, očišćene od sjemenki i nasjeckane

2 srednje rajčice, narezane na kockice

1 žlica sušenih rajčica nasjeckanih

1 žličica mljevenog češnjaka

1/2 šalice veganske majoneze

1 žlica soka od limuna

1/4 šalice bijelog vinskog octa

Morska sol i mljeveni crni papar, po ukusu

ADRESE

Prelijte crnooki grašak s 2 inča vode i pustite da lagano prokuha. Pustite da kuha oko 15 minuta.

Zatim stavite na laganu vatru oko 45 minuta. Neka se potpuno ohladi.

Stavite crnooki grašak u zdjelu za salatu. Dodajte ostale sastojke i promiješajte da se dobro sjedine. Sa zadovoljstvom!

Avokado punjen slanutkom

(Spremno za oko 10 minuta | Za 4 osobe)

Po porciji: Kalorije: 205; Masti: 15,2 g; Ugljikohidrati: 16,8g; Bjelančevine: 4,1 g

Sirovine

2 avokada, narezana i prepolovljena

1/2 svježe iscijeđenog limuna

4 žlice nasjeckanog vlasca

1 češanj mljevenog češnjaka

1 srednje nasjeckana rajčica

1 paprika, bez sjemenki i nasjeckana

1 crvena paprika, očišćena od sjemenki i nasjeckana

2 unce slanutka, kuhanog ili kuhanog, ocijeđenog

Košer sol i mljeveni crni papar, po ukusu

ADRESE

Posložite avokado na tanjur za posluživanje. Svaki avokado pokapajte sokom od limuna.

U zdjeli lagano izmiješajte ostale sastojke za nadjev dok se dobro ne sjedine.

Pripremljenom smjesom napunite avokado i odmah poslužite. Sa zadovoljstvom!

juha od crnog graha

(Spremno za oko 1 sat i 50 minuta | Za 4 osobe)

Po porciji: Kalorije: 505; Masti: 11,6 g; Ugljikohidrati: 80,3g; Bjelančevine: 23,2 g

Sirovine

2 šalice crnog graha, namočenog preko noći i ocijeđenog

1 grančica majčine dušice

2 žlice kokosovog ulja

2 kosana luka

1 štapić nasjeckanog celera

1 mrkva, oguljena i nasjeckana

1 talijanska paprika babura, bez sjemenki i nasjeckana

1 paprika, bez sjemenki i nasjeckana

4 češnja češnjaka, protisnuta ili nasjeckana

Morska sol i svježe mljeveni crni papar, po ukusu

1/2 žličice mljevenog kima

1/4 žličice mljevenog lista lovora

1/4 žličice mljevenog papra

1/2 žličice sušenog bosiljka

4 šalice juhe od povrća

1/4 šalice svježeg cilantra, nasjeckanog

2 unce tortilja čipsa

ADRESE

Zakuhajte grah i 6 šalica vode u loncu za juhu. Nakon što zavrije, smanjite vatru da lagano kuha. Dodajte grančice timijana i kuhajte oko 1 sat i 30 minuta ili dok ne omekša.

U međuvremenu u loncu s debelim dnom zagrijte ulje na srednje jakoj vatri. Sada pržite luk, celer, mrkvu i papriku oko 4 minute dok ne omekšaju.

Zatim pržite češnjak oko 1 minutu ili dok ne zamiriše.

Smjesu od pečenja dodajte kuhanom grahu. Zatim dodajte sol, crni papar, kim, mljeveni lovorov list, mljevenu papriku, sušeni bosiljak i juhu od povrća.

Nastavite kuhati na laganoj vatri uz povremeno miješanje još 15 minuta ili dok se ne zakuha.

Ukrasite svježim cilantrom i tortilja čipsom. Sa zadovoljstvom!

Salata od beluga leće sa začinskim biljem

(Spremno za oko 20 minuta + vrijeme hlađenja | Za 4 osobe)

Po porciji: Kalorije: 364; Masti: 17g; Ugljikohidrati: 40,2 g; Bjelančevine: 13,3 g

Sirovine

1 šalica crvene leće

3 šalice vode

1 šalica grožđanih rajčica, prepolovljenih

1 zelena paprika babura, bez sjemenki i narezana na kockice

1 crvena paprika, očišćena od sjemenki i narezana na kockice

1 crvena paprika, očišćena od sjemenki i narezana na kockice

1 kriška krastavca

4 žlice nasjeckane ljutike

2 žlice nasjeckanog svježeg peršina

2 žlice svježeg korijandera, nasjeckanog

2 žlice svježeg vlasca, nasjeckanog

2 žlice svježeg bosiljka, nasjeckanog

1/4 šalice maslinovog ulja

1/2 žličice sjemenki kumina

1/2 žličice nasjeckanog đumbira

1/2 žličice mljevenog češnjaka

1 žličica agavinog sirupa

2 žlice svježeg soka od limuna

1 žličica limunove korice

Morska sol i mljeveni crni papar, po ukusu

2 unce crnih maslina, bez koštica i prepolovljenih

ADRESE

Dodajte smeđu leću i vodu u lonac i pustite da zavrije na jakoj vatri. Zatim smanjite vatru i nastavite kuhati 20 minuta ili dok ne omekša.

Stavite leću u zdjelu za salatu.

Dodajte povrće i začinsko bilje i promiješajte da se dobro sjedine. U zdjeli pomiješajte ulje, sjemenke kima, đumbir, češnjak, agavin sirup, limunov sok, limunovu koricu, sol i crni papar.

Začinite salatu, ukrasite maslinama i poslužite na sobnoj temperaturi. Sa zadovoljstvom!

Talijanska salata od graha

(Spremno za oko 1 sat + hlađenje | Za 4 osobe)

Po porciji: Kalorije: 495; Masti: 21,1 g; Ugljikohidrati: 58,4g; Bjelančevine: 22,1 g

Sirovine

3/4 funte cannellini graha, namočenog preko noći i ocijeđenog

2 šalice cvjetova cvjetače

1 glavica crvenog luka sitno nasjeckana

1 žličica mljevenog češnjaka

1/2 žličice nasjeckanog đumbira

1 jalapeño papričica, nasjeckana

1 šalica grožđanih rajčica, narezana na četvrtine

1/3 šalice ekstra djevičanskog maslinovog ulja

1 žlica soka od limuna

1 žličica Dijon senfa

1/4 šalice bijelog octa

2 češnja češnjaka, protisnuta

1 žličica mješavine talijanskog bilja

Košer sol i mljeveni crni papar, za začin

2 unce zelenih maslina, bez koštica i narezanih

ADRESE

Poklopljeni grah prelijte svježom vodom i prokuhajte. Pustite da kuha oko 10 minuta. Smanjite vatru i nastavite kuhati 60 minuta ili dok ne omekša.

U međuvremenu kuhajte cvjetove cvjetače oko 6 minuta ili dok ne omekšaju.

Ostavite grah i cvjetaču da se potpuno ohlade; zatim ih prebacite u zdjelu za salatu.

Dodajte ostale sastojke i promiješajte da se dobro sjedine. Kušajte i prilagodite začine.

Sa zadovoljstvom!

Rajčice punjene bijelim grahom

(Spremno za oko 10 minuta | Za 3 osobe)

Po porciji: Kalorije: 245; Masti: 14,9 g; Ugljikohidrati: 24,4g; Bjelančevine: 5,1 g

Sirovine

3 srednje rajčice, tanko narežite vrh i uklonite pulpu

1 ribana mrkva

1 nasjeckani crveni luk

1 režanj oguljenog češnjaka

1/2 žličice sušenog bosiljka

1/2 žličice sušenog origana

1 žličica sušenog ružmarina

3 žlice maslinovog ulja

3 unce konzerviranog mornarskog graha, ocijeđenog

3 unce zrna kukuruza, odmrznuta

1/2 šalice tortilja čipsa, zdrobljenog

ADRESE

Složite rajčice na tanjur za posluživanje.

U zdjeli pomiješajte ostale sastojke za nadjev dok se dobro ne sjedine.

Napunite avokado i poslužite odmah. Sa zadovoljstvom!

Crnooka zimska juha od graška

(Spremno za oko 1 sat i 5 minuta | Za 5 osoba)

Po porciji: Kalorije: 147; Masti: 6g; Ugljikohidrati: 13,5g; Bjelančevine: 7,5 g

Sirovine

2 žlice maslinovog ulja

1 kosani luk

1 narezana mrkva

1 nasjeckani pastrnjak

1 šalica nasjeckanih lukovica komorača

2 režnja mljevenog češnjaka

2 šalice sušenog graška, namočenog preko noći

5 šalica juhe od povrća

Košer sol i svježe mljeveni crni papar, za začin

ADRESE

Zagrijte maslinovo ulje u loncu na srednje jakoj vatri. Kad je vruće, pržite luk, mrkvu, pastrnjak i komorač 3 minute ili dok ne omekšaju.

Dodajte češnjak i nastavite pržiti 30 sekundi ili dok ne zamiriše.

Dodajte grah, juhu od povrća, sol i crni papar. Nastavite djelomično kuhati još 1 sat ili dok se ne skuha.

Sa zadovoljstvom!

okruglice od crvenog graha

(Spremno za oko 15 minuta | Za 4 osobe)

Po porciji: Kalorije: 318; Masti: 15,1 g; Ugljikohidrati: 36,5g; Bjelančevine: 10,9 g

Sirovine

12 unci konzerviranog ili kuhanog graha, ocijeđenog

1/3 šalice starinske zobi

1/4 šalice višenamjenskog brašna

1 žličica praška za pecivo

1 mala ljutika, nasjeckana

2 režnja mljevenog češnjaka

Morska sol i mljeveni crni papar, po ukusu

1 žličica paprike

1/2 žličice čilija u prahu

1/2 žličice mljevenog lista lovora

1/2 žličice mljevenog kima

1 chia jaje

4 žlice maslinovog ulja

ADRESE

Mahune stavite u zdjelu i zgnječite vilicom.

Dobro izmiješajte grah, zob, brašno, prašak za pecivo, ljutiku, češnjak, sol, crni papar, papriku, čili u prahu, mljeveni lovor, kumin i chia jaje.

Od smjese oblikujte četiri pogačice.

Zatim u tavi zagrijte maslinovo ulje na dovoljno visoku temperaturu. Pecite kolačiće oko 8 minuta, okrećite ih jednom ili dva puta.

Poslužite s omiljenim umacima. Sa zadovoljstvom!

Domaće pljeskavice od graška

(Spremno za oko 15 minuta | Za 4 osobe)

Po porciji: Kalorije: 467; Masti: 19,1 g; Ugljikohidrati: 58,5g; Bjelančevine: 15,8 g

Sirovine

1 funta graha, smrznutog i odmrznutog

1/2 šalice brašna od slanutka

1/2 šalice glatkog brašna

1/2 šalice krušnih mrvica

1 žličica praška za pecivo

2 lanena jaja

1 žličica paprike

1/2 žličice sušenog bosiljka

1/2 žličice sušenog origana

Morska sol i mljeveni crni papar, po ukusu

4 žlice maslinovog ulja

4 peciva za hamburger

ADRESE

U zdjeli dobro izmiješajte grašak, brašno, krušne mrvice, prašak za pecivo, jaja, papriku, bosiljak, origano, sol i crni papar.

Od smjese oblikujte četiri pogačice.

Zatim u tavi zagrijte maslinovo ulje na dovoljno visoku temperaturu. Pecite kolačiće oko 8 minuta, okrećite ih jednom ili dva puta.

Poslužite na pecivima za hamburger i uživajte!

Varivo od crnog graha i špinata

(Spremno za oko 1 sat i 35 minuta | Za 4 osobe)

Po porciji: Kalorije: 459; Masti: 9,1 g; Ugljikohidrati: 72g; Bjelančevine: 25,4 g

Sirovine

2 šalice crnog graha, namočenog preko noći i ocijeđenog

2 žlice maslinovog ulja

1 glavica luka oguljena i prerezana na pola

1 jalapeño papričica, narezana na ploške

2 paprike, očišćene od sjemenki i narezane na ploške

1 šalica gljiva, narezanih na ploške

2 režnja mljevenog češnjaka

2 šalice juhe od povrća

1 žličica paprike

Košer sol i mljeveni crni papar, po ukusu

1 list lovora

2 šalice nasjeckanog špinata

ADRESE

Poklopljeni grah prelijte svježom vodom i prokuhajte. Pustite da kuha oko 10 minuta. Smanjite vatru i nastavite kuhati 50 do 55 minuta ili dok ne omekša.

Zagrijte maslinovo ulje na srednje jakoj vatri u loncu s debelim dnom. Na vrućem pržite luk i papriku oko 3 minute.

Pirjajte češnjak i gljive oko 3 minute, odnosno dok gljive ne ispuste tekućinu i češnjak ne zamiriše.

Dodajte juhu od povrća, papriku, sol, crni papar, lovorov list i kuhani grah. Kuhajte uz redovito miješanje oko 25 minuta ili dok ne skuha.

Zatim dodajte špinat i pustite da poklopljeno kuha oko 5 minuta. Sa zadovoljstvom!

Najbolja čokoladna granola ikad

(Gotovo za oko 1 sat | 10 porcija)

Po porciji: Kalorije: 428; Masti: 23,4 g; Ugljikohidrati: 46,4g; Bjelančevine: 11,3 g

sirovine

1/2 šalice kokosovog ulja

1/2 šalice agavinog sirupa

1 žličica paste od vanilije

3 šalice zobi

1/2 šalice nasjeckanih lješnjaka

1/2 šalice sjemenki bundeve

1/2 žličice mljevenog kardamoma

1 žličica mljevenog cimeta

1/4 žličice mljevenog klinčića

1 žličica himalajske soli

1/2 šalice tamne čokolade, nasjeckane

upute

Započnite zagrijavanjem pećnice na 260 stupnjeva F; Dva lima za pečenje obložite papirom za pečenje.

Zatim u posudi pomiješajte kokosovo ulje, agavin sirup i vaniliju.

Postupno dodajte zob, kikiriki, sjemenke bundeve i začine; baciti da se dobro obloži. Smjesu rasporedite po pripremljenim limovima za pečenje.

Pecite u sredini pećnice, miješajući na pola vremena pečenja, otprilike 1 sat ili dok ne porumene.

Umiješajte tamnu čokoladu i ostavite granolu da se potpuno ohladi prije spremanja. Čuvati u hermetički zatvorenoj posudi.

Sa zadovoljstvom!

Kolači za roštilj s jesenskom bundevom

(Spremno za oko 30 minuta | Za 4 osobe)

Po porciji: Kalorije: 198; Masti: 9,4 g; Ugljikohidrati: 24,5g; Bjelančevine: 5,2 g

sirovine

1/2 šalice valjane zobi

1/2 šalice bijelog integralnog pšeničnog brašna

1 žličica praška za pecivo

1/4 žličice himalajske soli

1 žličica šećera

1/2 žličice mljevenog papra

1/2 žličice mljevenog cimeta

1/2 žličice kristaliziranog đumbira

1 čajna žličica soka od limuna, svježe iscijeđenog

1/2 šalice bademovog mlijeka

1/2 šalice pirea od bundeve

2 žlice kokosovog ulja

upute

U zdjeli dobro izmiješajte brašno, prašak za pecivo, sol, šećer i začine. Postupno dodajte limunov sok, mlijeko i pire od bundeve.

Zagrijte električnu tavu u tavi srednje veličine i malo je premažite kokosovim uljem.

Pecite kolač oko 3 minute dok se ne stvore mjehurići; Okrenite ga i pecite s druge strane još 3 minute dok ne porumeni odozdo.

Ponovite s preostalim uljem i tijestom. Po želji poslužite sa cimet šećerom. Sa zadovoljstvom!

www.ingramcontent.com/pod-product-compliance
Lightning Source LLC
Chambersburg PA
CBHW050352120526
44590CB00015B/1658